ナオキマンのヤバい世界の秘密

Naokiman Show

日本文芸社

の秘密とは?

はいみなさんこんにちは〜。

Naokiman Showのナオキマンです。

まず最初に、僕を知らない方のために軽く自己紹介をしますね。

僕はYouTubeで、都市伝説や陰謀論、世界のミステリー、スピリチュアルについての動画を配信しているYouTuberです。

「海外生まれ海外育ち」という経験から、英語を活かして、世界中の面白いミステリーを日々配信しています。

では簡単な自己紹介を終えたところで、本題に入りますね。

これからみなさんに読んでいただくこの本では、

いまだ解き明かされていない、人類のヤバい歴史
教科書には載っていない、ヤバい人物たち
宇宙とリンクした、ヤバい世界の仕組み
人間の精神にまつわる、ヤバいスピリチュアルな話

など、学校では教えてくれない、ヤバい世界の秘密を集めました。

Introduction

ヤバい世界

みなさんは幼稚園から大学卒業までレールの敷かれた人生の中で、自分の意志で日々を生きてきましたか？

もしかしたらみなさんの多くは、生まれてからいままで、学校で教えられたことを当たり前に信じて生きてきたかもしれません。

僕自身、都市伝説や陰謀論、世界のミステリーの数々を知ることで、

「いま生きている世界は、誰がつくりだしたのか？」

「学校で教えられていることだけが真実なのか？」

「メディアが伝える情報をすべて信じていいのか？」

といった世の中をいままでとは違った視点で見ることができ、意識的に生きることを学びました。

この本を読むことで、人生につまずいている方や世の中に疑問を抱いている方が、自分の生きる世界を、いままでとは違った視点で見つめるようになってもらえたら嬉しいです。

それでは、この世界の真実、はたまた誰かの妄想？　かもしれないヤバい世界の秘密を一緒に読み解いていきましょう。

Naokiman Show

CONTENTS

ナオキマンのヤバい世界の秘密
Naokiman Show

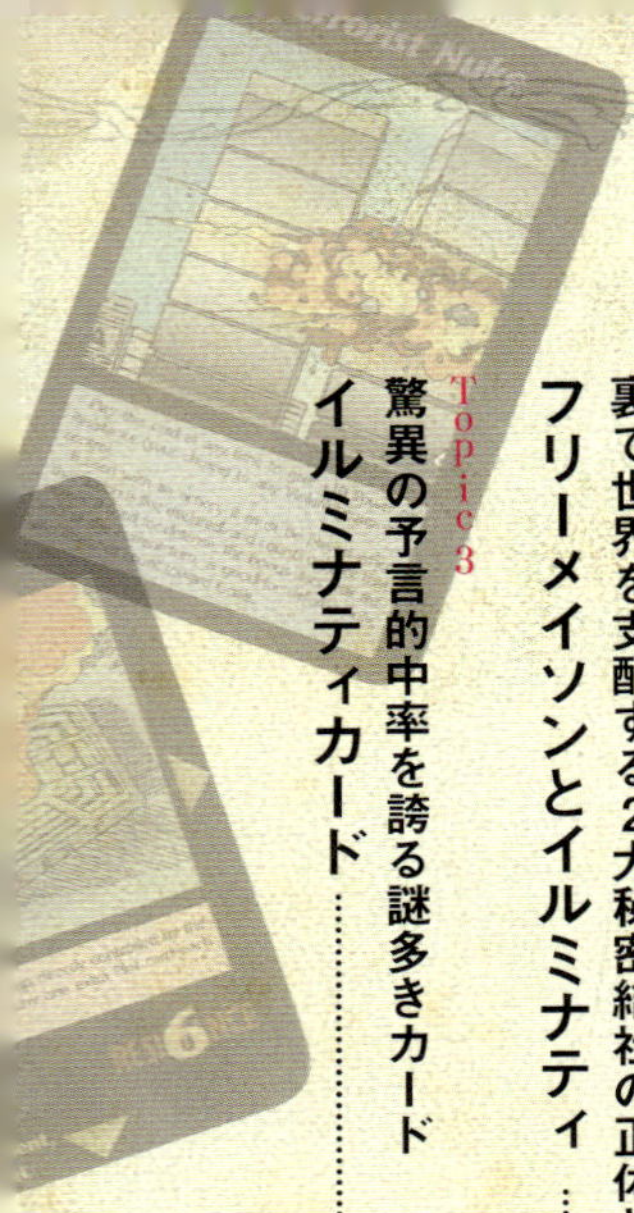

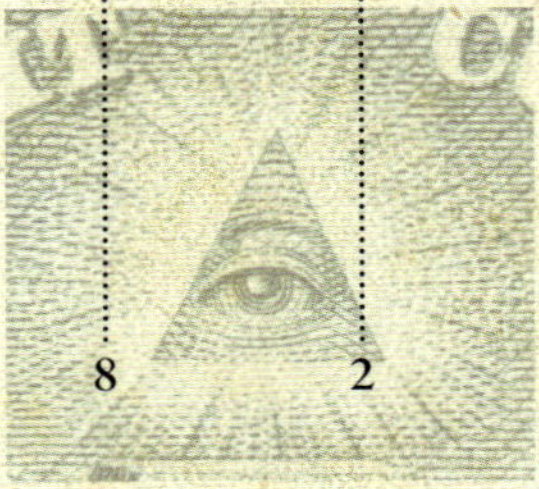

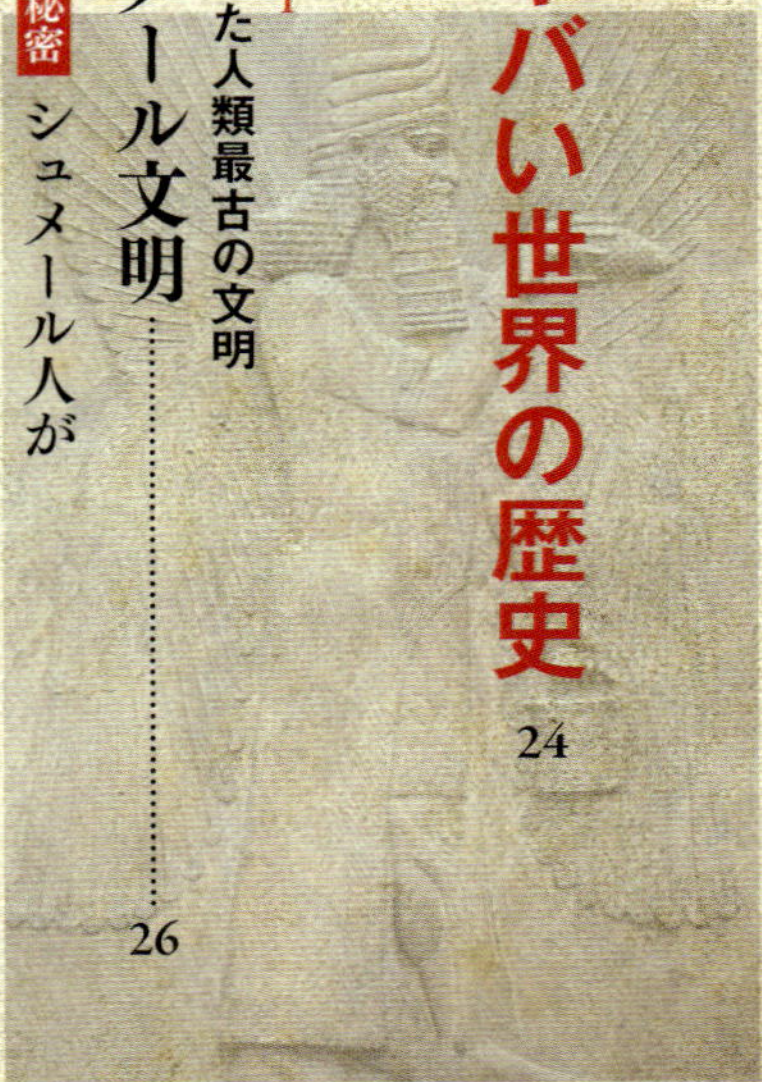

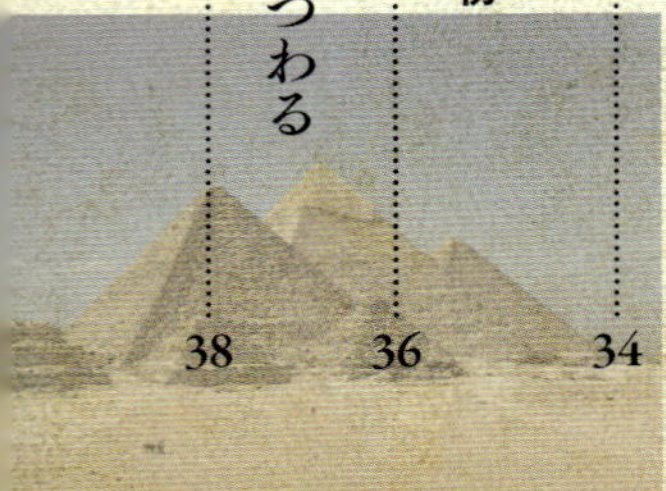

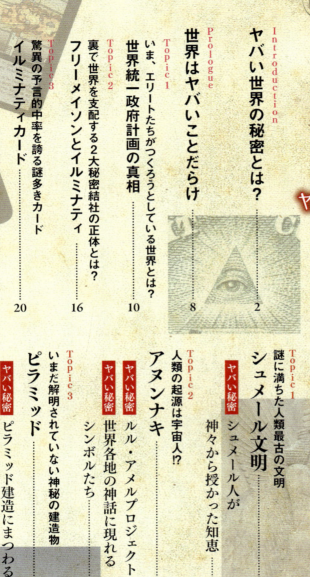

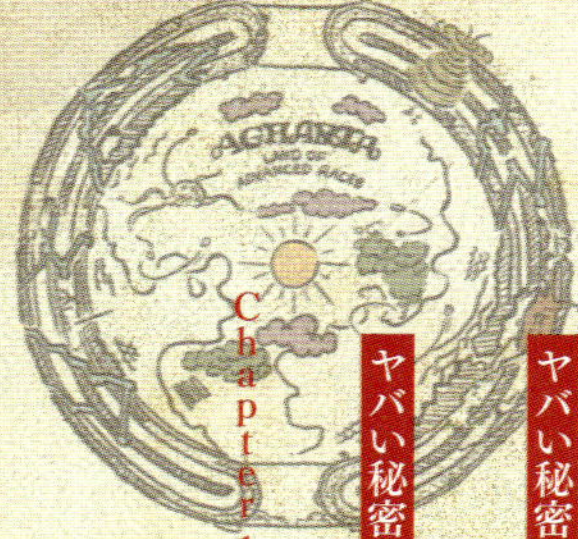

Chapter 2
世界のヤバい人物たち

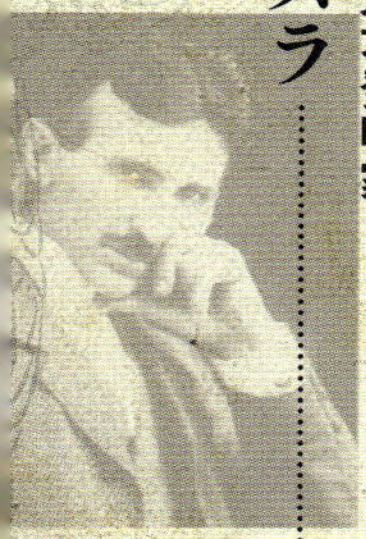

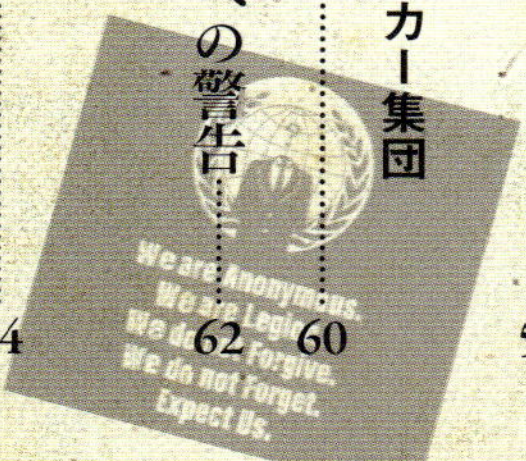

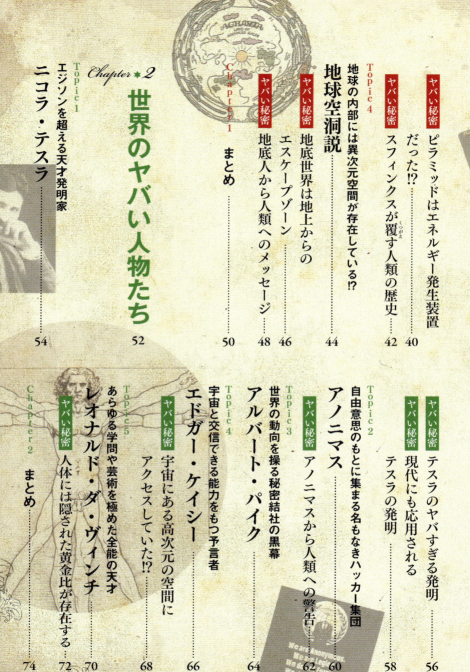

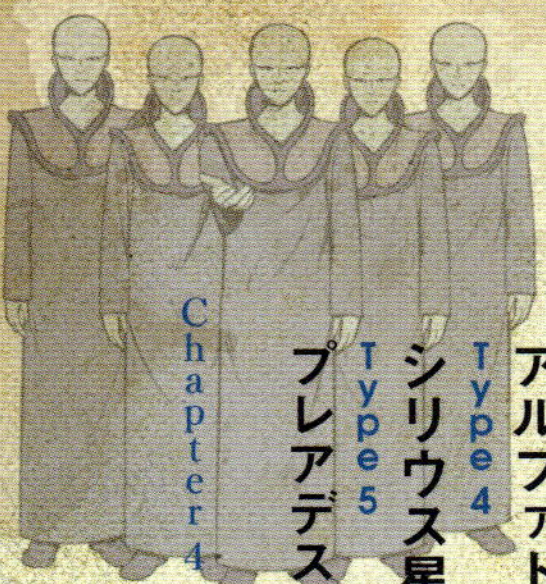

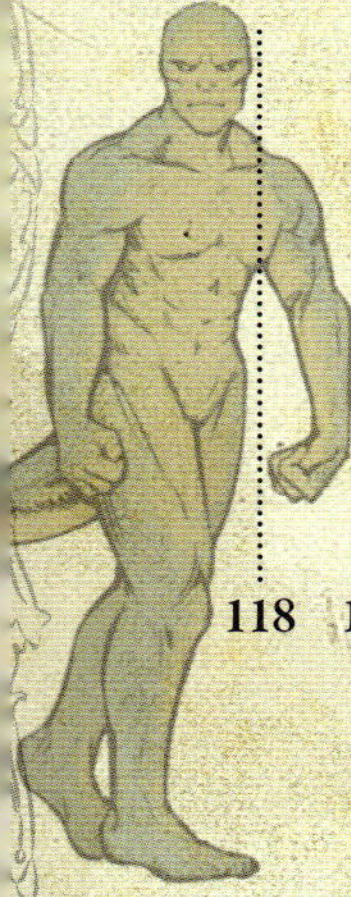

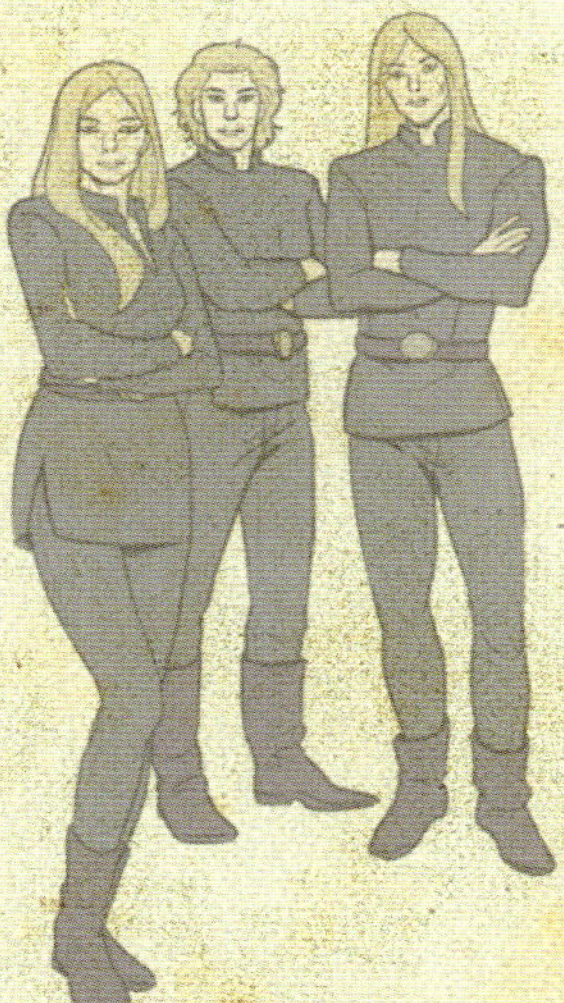

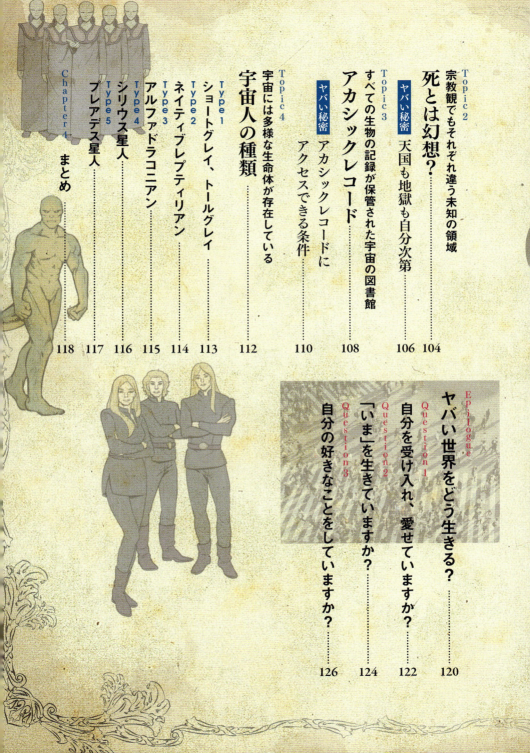

世界はヤバいことだらけ

都市伝説といえば、**フリーメイソンやイルミナティといった秘密結社**なしには語れませんよね。世界を牛耳《ぎゅうじ》る２大組織の名前は、みなさんも一度は聞いたことがあるでしょう。

フリーメイソン、イルミナティともに、実在の組織であることは間違いありません。ただ、**何を目的に、どんなことをしているのか？** 何が真実かわからないため、謎が謎を呼んでいます。正直、会員でも組織の本当の目的を知っているとは言い切れませんからね。でも、この世界の構造を知ることができれば、見えてくるものがあるかもしれません。

ヤバい世界の秘密を紹介する前に、**そもそもみなさんはどんな世界を生きているのか？** そこからお話ししますね。

Prologue

Topic 1

世界統一政府計画の真相

いま、エリートたちがつくろうとしている世界とは？

世界の上位1％のエリートたちの秘められた計画、それが「世界統一政府（New World Order）の樹立」、と支配。経済・軍事・社会・宗教を統一し、国境や人種の壁を壊し、「自分たち」と「それ以外」の世界をつくりあげる。野望実現のため、世界のエネルギーや食糧、教育、医療、メディアなどをコントロール下に置こうとしている。

すべてを支配するエリートたち

世界の富は「エリート」と呼ばれる、全人口の1％に満たない超富裕層によって独占されています。グローバル企業の創業者、IT長者、事業で財をなした者もいれば、血筋や家柄でその地位を受け継いだ者もいます。こうした世界のエリートたちが、富だけでなく権力を独占し、世の中を望むように動かしているとしたら……。

エネルギー産業が世界の資源供給をコントロールすることで莫大な利益をあげていたり、農家が遺伝子組み替え済みの子孫を残せない種子しか手に入れることができなかったり、農薬漬けの野菜、添加物まみれの加工食品を食べさせられたり……。冷静に世の中の仕組みを見てみると、**みなさんがより貧乏に、より不健康になるように誰かが意図的にしている**としか思えない現状があります。

学校やメディアも洗脳のひとつ

エリートたちの思惑《おもわく》では、**全員に一律の教育を受けさせる学校は、みなさんに偏った知識を植え付け、迷うことなく働くロボットにするために都合のいい場所**です。社会に出てから上司のいうことを聞くようにルールを押しつけ、レールを敷く。そこから少しでもはみ出たら、社会に不適合だとみなされ、つまみ出される。どんなにクリエイティブな感性をもっていても、10年以上にわたってそうした学校教育を受けていたら誰でも洗脳されてしまいますよね。

テレビや新聞、インターネットなどのメディアもエリートたちが伝えたい情報を伝える役割を果たしています。都合の悪い情報はもみ消し、真実の中に嘘を混ぜ、巧妙に関心を引いて、みなさんを思い通りに洗脳するのです。

ゲーム、テレビ、映画、スポーツなどの娯楽も、みなさんを現実の問題、真実から遠ざけるために使われています。

バラエティー番組が面白い、スマホゲームにハマっている、とか、みなさんは自分が選んで自分のために楽しんでいると思っているかもしれませんが、実はこれも、エリートたちが巧みに誘導している可能性が高いのです。

ゲームやテレビなどを、エンターテインメントとして楽しむことを否定するつもりはありませんが、世界中で同じものが大ヒットしたり、あまりに友達みんなが同じことをしていたりするのは、何か裏の力が働いているのかもしれません。

世界に共通の娯楽を提供して、みなさんの目を真実から背《そむ》けさせるのは彼らの常套《じょうとう》手段。**常に脳を忙しくさせて、世界の異変に気づかせないようにする。**そして、その裏では着々と彼らの秘められた計画が進行しているのです。

疑問を感じたらお金を辿《たど》れ

学校とか会社、いまの世の中に疑問を感じたことがある人もいるはずです。**社会の仕組みってなんか不平等じゃない？** そう思ったそこのあなた、エリートたちの恐ろしい洗脳から一瞬目覚めていたのかもしれません。

いまの世の中は、スタートからゴールに続く一本道のレールを足並みを乱すことなく、みんなで一緒に進んでいく感じですよね。ちょっと離れたところから見たら、この光景自体がホラーだと思いますけど、当事者になるとなかなか気がつくことも、レールからあえて外れることもできないものです。

ここまで極端じゃないよという人もいるかもしれませんが、**いまの世の中の仕組みでは、貧富の差、成功と失敗、勝者と敗者が明確に分かれてしまいます。**もちろんこれは、誰かが意図的につくった仕組みなんですけどね。

世の中のシステムに違和感を覚えたあなたに、エリートたちの陰謀に惑わされない簡単な方法をひとつ教えましょう。

それは、**「お金」の流れを考えること**です。

みなさんがローンを返すために必死に働いているとき、銀行は何をしているのか？ 貯蓄を運用して利益を出しているかと思えば、ただ通帳に数字を記載しているだけなのです。

これは17世紀、金《きん》で取引が行われていた時代のなごりで、持ち運ぶには重すぎる金を金庫に保管し、その代わりに預かり証を受け取るというシステムが当たり前になりました。１００万円分の金を預けたらそれを証明する証書を出す。それがやがて、小切手や紙幣に姿を変えていきました。その当時から基本的な仕組みは変わってなくて、**銀行は金を動かすのではなく、預かり証である紙幣を貸し出しているん**です。

銀行とお金の仕組み

国家や地域のお金を管理しているのが中央銀行です。
中央銀行は通貨発行権をもち、「銀行の銀行」として機能しています。
日本の中央銀行である日本銀行（日銀）は、
政府資本55％のほかは民間資本で成り立っています。

銀行が儲けるシステム

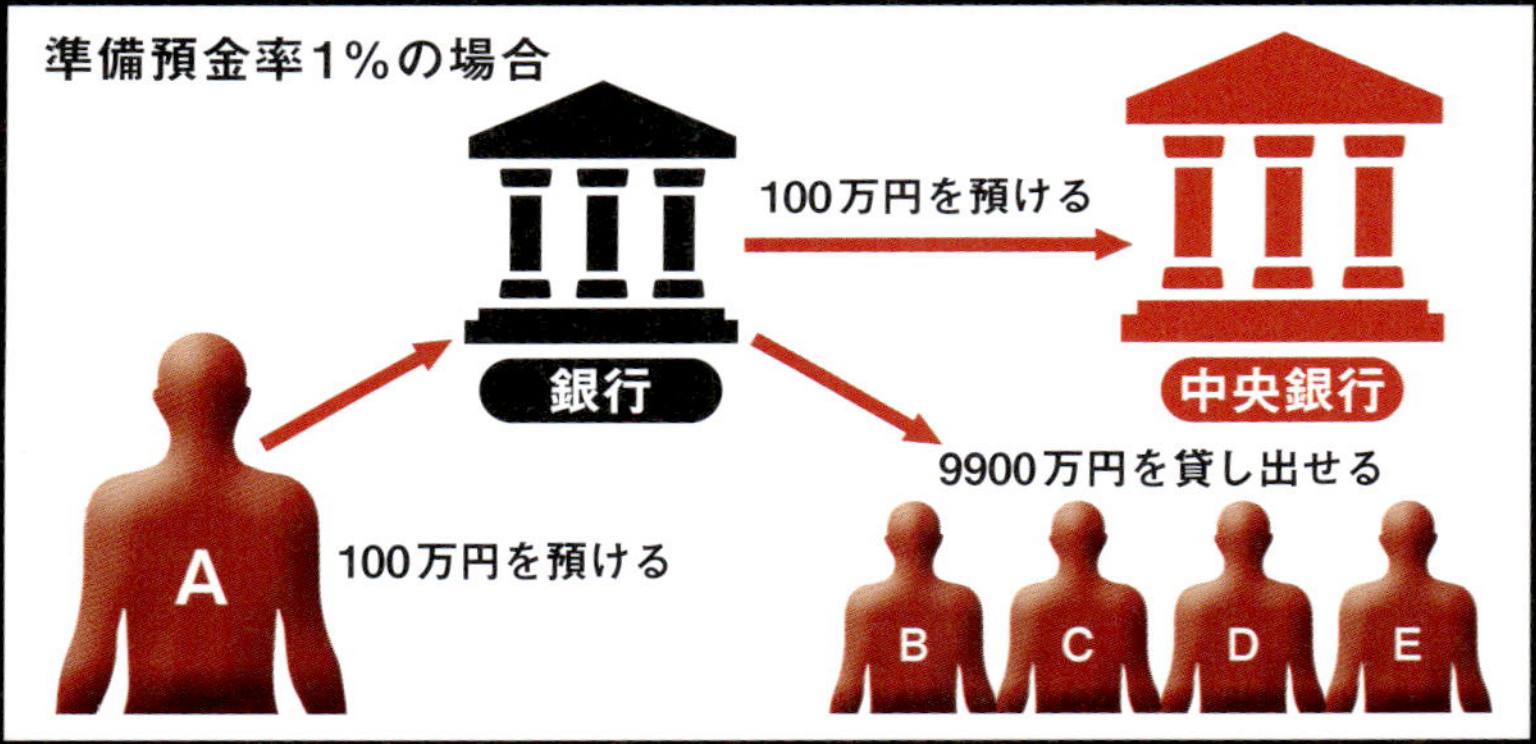

銀行は信用の担保として、中央銀行に一定の資金を預けなければいけないという「準備預金制度」があります。現在の日本の準備預金率は0.05～1.3％に定められています。仮にこれを1％と設定すると、銀行は預かった100万円を中央銀行に預ければ、9900万円を貸し出せることになります。つまり、銀行は9900万円を貸し付けるために現金を用意する必要はなく、100万円の預入金を信用担保として、9900万円を創造できることになるんです。中央銀行制度はユダヤ由来のシステムといわれ、日銀もロスチャイルド家の影響下にあるという説まであります。

世界規模で見ると、1％に満たないエリートが
世界の半分の富をもっているという現実があります。
お金の動きを辿れば、
ごくわずかなエリートが富を独占し、
世界をコントロールしていることがわかってきます。

古代から引き継がれてきた宗教的思想

世界を動かす特権階級が存在し、世界をコントロールしているとして、なぜ彼らは神秘的な儀式、暗号や符号を用いた意思伝達方法で世界を動かしているのでしょう?

フリーメイソンやイルミナティは、**世界最古の文明であるシュメール、古代エジプトやバビロニアで行われていた宗教的思想、価値観をそのまま受け継いでいる**という説があります。古代文明では、ごく少数の選ばれたエリートたちが現人神《あらひとがみ》として民を統治してきたんですね。

限られた人口とはいえ、なぜ彼らは神になれたのか? それは**「知は力なり」**という言葉があるように、一部の人しか知り得ない世界の秘めた法則を外部に漏れないように秘密裏に独占し、受け継ぐことで、神のような人々は力を得ることができたのです。**何者かから受け継いだ秘密の法則を利用し、進んだ科学、失われた技術、地球の枠を越えたものを創出する。**こうして無知な者たちを圧倒し、操ることで、奴隷システムをつくり上げました。

このように、時の支配者たちは経済、教育、労働、そして戦争をコントロールすることで、社会を成り立たせ、支配される側が疑問を感じないように、考える暇さえ与えないのです。

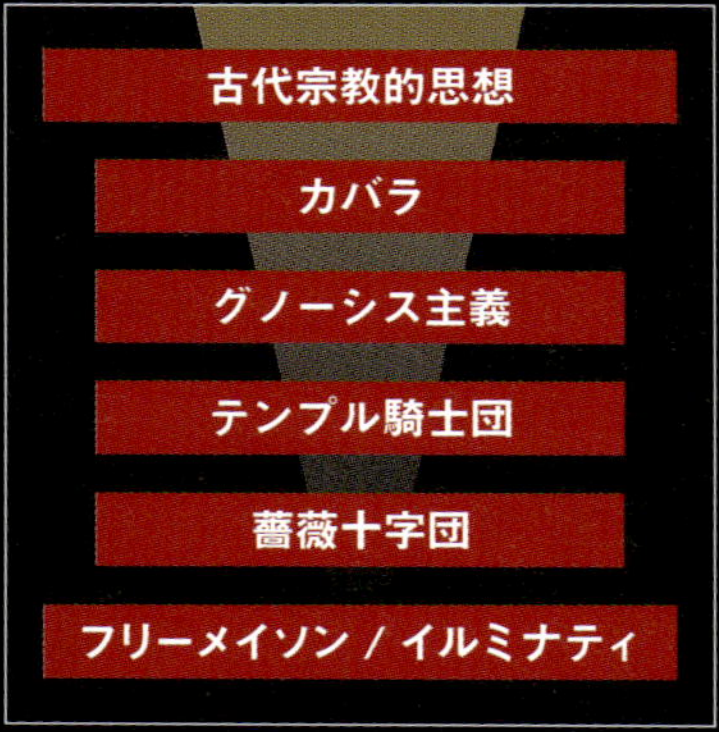

シュメールや古代エジプトなどの「古代宗教的思想」から始まり、「カバラ」というユダヤ教の伝統に基づいた神秘主義思想、「グノーシス主義」という2世紀から3世紀にかけて地中海世界で勢力をもった宗教的思想、フリーメイソンのルーツとされる「テンプル騎士団」「薔薇《ばら》十字団」へと引き継がれてきた。

プロビデンスの目の意味とは?

暗号満載でお馴染みのアメリカ１ドル札の中でも、
とくに有名な「ピラミッドに目」のモチーフは
『プロビデンスの目』と呼ばれています。
古代エジプトから受け継がれ、いまも世界中のあちこちに見られる
プロビデンスの目は、万物を見通す神の全能の目とされています。

アメリカの１ドル紙幣(裏)

●プロビデンスの目の
シンボル

著名人たちの片目を隠すポーズ

ハリウッドスターに、世界的なポップアイコン。
なぜかみんなそろってこのポーズをしているんですよね。
何かのメッセージだとしたら、
誰がどんなメッセージを発しているんでしょうね？

Topic 2

フリーメイソンとイルミナティ

裏で世界を支配する2大秘密結社の正体とは？

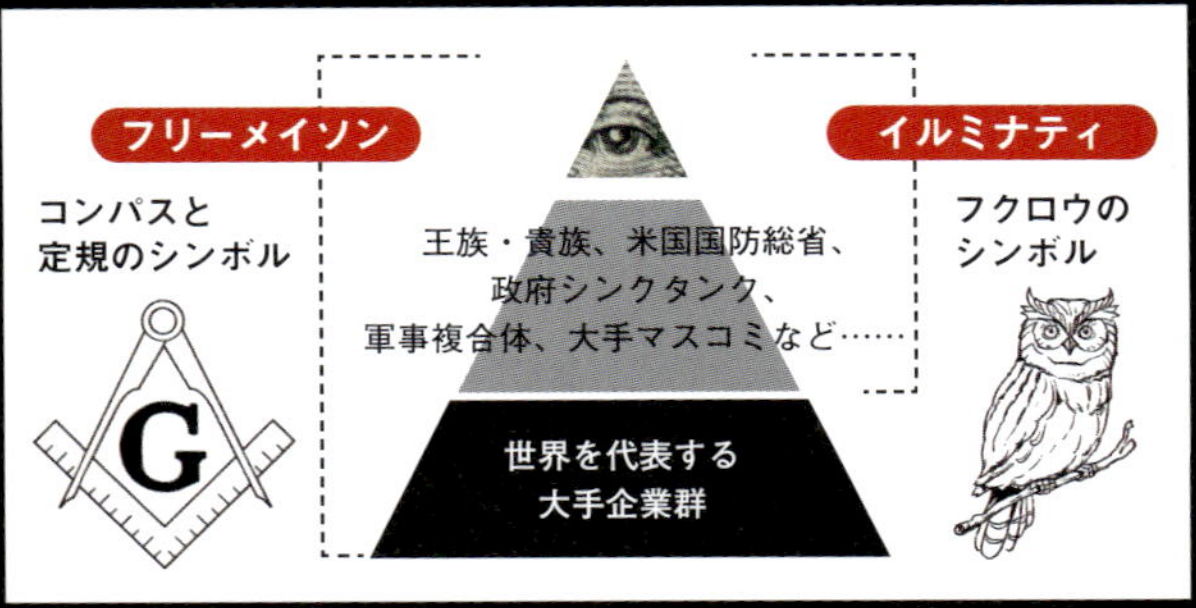

石工職人の組合を母体としていたことを裏付けるかのように、フリーメイソンのシンボルは、コンパスと定規。中央の「G」は神（GOD）や、グノーシス主義などを表す。イルミナティのシンボルは、ローマ神話の女神ミネルヴァがしたがえていたことから、「知恵の象徴」とされているフクロウ。

秘められた法則を使い 世界を牛耳《ぎゅうじ》る2大秘密結社

フリーメイソンやイルミナティは、古代文明を支配した現人神たちのノウハウ、一部の人しか知り得ない世界の秘めた法則を受け継ぎ、それを世界に行使するための組織だとする説があります。

技術、通信の発達により、「フラットになった世界」を支配するには、これまでの神や王がしてきたようなやり方では十分ではありません。建造物や技術を見せつけるだけでなく、こうした技術を巧みに使いこなし、世界中の人たちを自分たちの思うように誘導しなければいけないのです。**「世界を牛耳る秘密結社」**と聞くとうさんくさく感じるかもしれませんが、**都市伝説、陰謀論のほとんどが、この2つの組織との関連性が疑われている**んです。

フリーメイソンの秘密

フリーメイソンの誕生については諸説ありますが、12世紀に、聖地エルサレムの守護を目的とする修道会であり、騎士団でもある**テンプル騎士団をルーツとする説**があります。

テンプル騎士団は、14世紀末にフランス王フィリップ4世の命《めい》による処刑などで壊滅しますが、その生き残りがスコットランドに渡り、薔薇《ばら》十字団なる秘密結社と結びつくことでフリーメイソンが生まれたという説です。

そこに欧州全土にネットワークをもち、その交流の手段を必要としていた石工《いしく》の組合員たちが加わり、現在のフリーメイソンの原型となる組織ができたといいます。

当時の建築、建設業を担っていた石工たちは、大聖堂の建設を行いながら、その裏で古代文明の神秘的な儀式を行っていたそうです。

フリーメイソンが、建築に関するノウハウや知識、自分たちのみが知る〝守るべき技術〟をもっていた石工を加えて発展していったのには、何か因縁めいたものを感じますよね。

１７１７年にはロンドンに最初の「グランドロッジ」が完成。ロッジとはフリーメイソンの教会のような集会場のことで、会員たちの社交の場として広く使われましたが、**活動内容が会員外部に漏れないように情報を統制する秘密主義はこの頃から徹底されていた**ようです。

広く知られる**自由、平等、友愛、寛容、人道の理念**はすでにあり、石工だけでなく、科学者や音楽家、芸術家、イギリス王室、大統領などが次々と参加し、フリーメイソンは爆発的に成長していきました。いまや世界中にロッジをもつ**フリーメイソンは会員数６００万人を超える大組織だともいわれていますが、具体的な活動内容は謎に包まれたまま**です。

イルミナティの秘密

イルミナティについては、結成年、創設者ともにある程度正確に把握されています。まず結成年は1776年。ドイツのバイエルンで、インゴルシュタット大学の教会法の教授だった、**アダム・ヴァイスハウプトによって創設されました。** 創設の裏にはロスチャイルド家の資金援助があったともいわれています。

このヴァイスハウプト、フリーメイソンのメンバーでもあったそうで、**真の目的を隠すためにフリーメイソンを盾にしていた**ともいわれています。**この関係性がイルミナティはフリーメイソンの内部組織であり、フリーメイソンを乗っ取ったという都市伝説の論拠**です。

イルミナティは、世界中のさまざまな分野のエリートたちを次々に勧誘し、勢力を強めていきます。しかし、それまでうまく隠せていた過激な思想がバイエルン政府に露呈し、1784年、これに危機感を感じた政府はイルミナティを含むすべての秘密結社の解散を命じます。

すべての秘密結社の解散につながるほどの危険思想とはどんなものか？ 反キリスト教、革命思想に加え、彼らが胎児《たいじ》を人工的に流産させていたという疑惑がかけられ、イルミナティは赤ん坊を生贄《いけにえ》にする野蛮な悪魔崇拝組織だという認識が広まったのです。

表向きは解散となったはずのイルミナティでしたが、自分たちの姿を隠しながら、巧妙に世界の中枢《ちゅうすう》に手を伸ばしていきました。

彼らの真の目的は、悪魔的思想、サタニズムの信仰、堕天使ルシファーの名のもとに新世界秩序、世界統一政府を打ち立てること。

世間的にはすでに存在しないイルミナティですが、**フランス革命以降のすべての紛争、戦争に何らかの影響力を行使した**と噂されています。

フクロウのシンボル

フリーメイソンは世界中に多様な会員をもちますが、
イルミナティはその上層部を支配し、世界を操っているといわれます。
イルミナティのフクロウは、首が360度回る
フクロウの習性になぞらえ「すべてを監視している」という
メッセージを伝えているのかもしれません。

アメリカの1ドル紙幣(表)

上から見たアメリカの国会議事堂

画像©2019 Commonwealth of Virginia、DigitalGlobe、District of Columbia、Sanborn、U.S Geological Survey 、USDA Farm Service Agency、地図データ©2019 Google

上から見た日本の国会議事堂

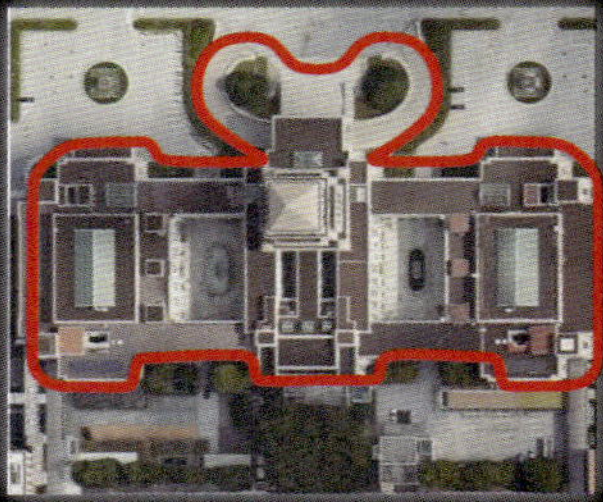

画像©Digital Earth Technology、DigitalGlobe、The GeoInformation Group、地図データ©2019 Google

日本にもロッジがあり、有名人が会員であることを
公言しているフリーメイソンって、
本当に秘密結社なの？　って疑問もありますよね。
フリーメイソンやイルミナティの真の目的は、
限られた人たちしか知らないので、一般の会員にとっては、
フリーメイソンは友愛団体という認識が一般的なんです。

Topic 3

イルミナティカード

驚異の予言的中率を誇る謎多きカード

みなさん**「イルミナティカード」**というカードゲームを知っていますか？　都市伝説界で超有名なこのカードは、1980年から1995年にかけて何度もリメイクされ、発売されたカードゲームです。中でも1995年に発売された「NewWorldOrder」というゲームが話題になっています。

なぜ話題なのかというと、**このカードに書かれていることが未来を予言、あるいは予告している**というんですね。ではどんな予言、予告をしたのか？　ここではいくつかの有名なカードを紹介します。

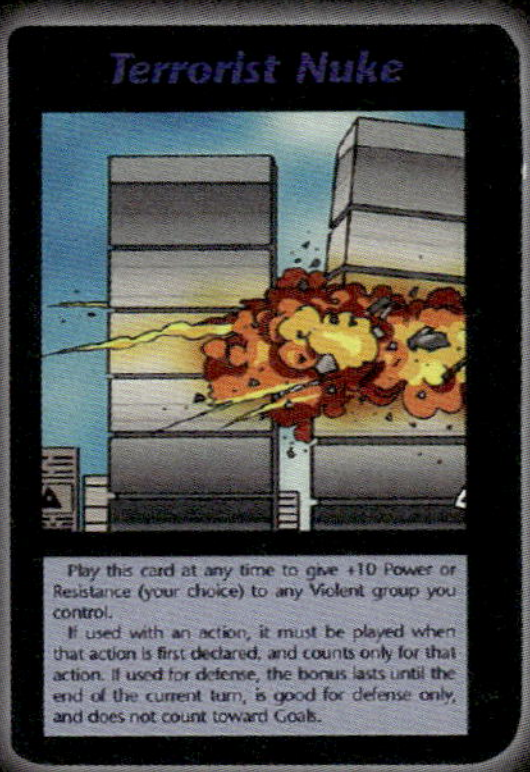

Terrorist Nuke テロリスト核攻撃

「このカードを使うと、(あなたの過激派グループに)＋10の抵抗力が増す」

みなさん見ての通り、このカードは9.11同時多発テロの様子を描いているように見えますよね。ワールドトレードセンターがテロの標的だというのは、たしかに事件以前からドラマや映画などのネタに使われていましたが、ここまで露骨に予告されてしまうと、やはり大きな計画のひとつだったのかと思わされます。

Pentagon ペンタゴン

「ペンタゴンに支配されている組織は陰謀カードを1枚引くことができる」

こちらのカードもテロリスト核攻撃と同じように、同時多発テロ時のペンタゴンへの攻撃を描いているように見えます。アメリカ国防総省ということもあり、こちらも攻撃の的ではありますが、先ほどのカードとセットと考えると、偶然だとは考えにくいですよね。

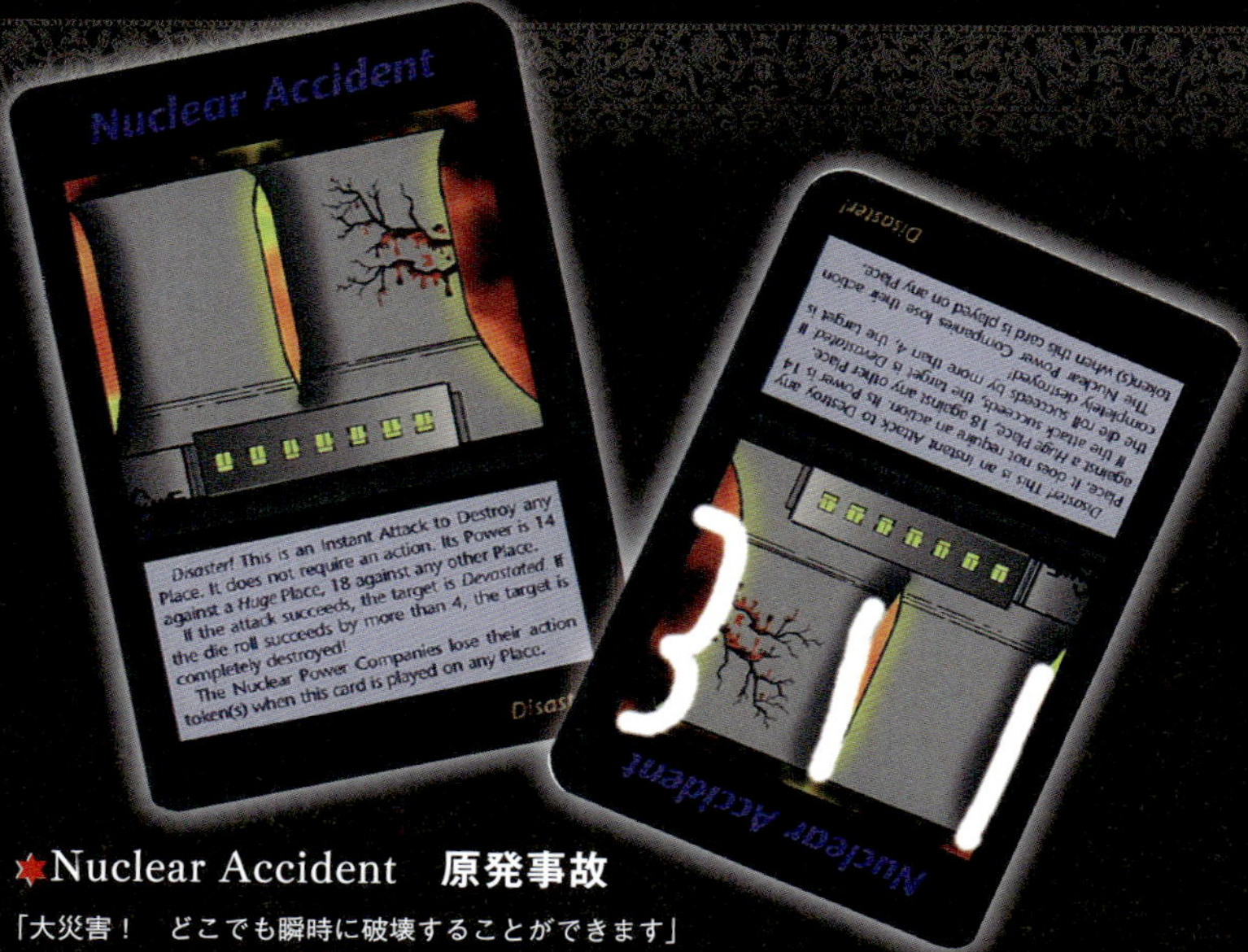

★Nuclear Accident　原発事故

「大災害！　どこでも瞬時に破壊することができます」

いままで起きた有名な原発事故といえば、ソビエト連邦のチェルノブイリと、日本の福島原発ですが、どこでも瞬時に破壊することができるというのは意味深ですよね。そしてこちらはひっくり返すと、3・1・1という数字が浮かび上がってくるともいわれています。こじつけくさいですけど(笑)。

★Tidal Wave
津波

「大災害！　瞬時に沿岸を破壊することができます」

こちらも先ほどの原発事故とセットで、東日本大震災を思い出させるカードになっています。

★Atomic Monster　原子力モンスター

「大災害！　瞬時に沿岸を破壊することができます。特にカリフォルニアと日本には大ダメージを与えることができます」

原発事故・津波・原子力モンスターの3つのカードをセットで考えると東日本大震災ができあがってしまいます。

Charismatic Leader カリスマリーダー

「このカードは熱狂的グループに影響を及ぼすことができます」

金髪のカリスマリーダー。このカードに描かれている人物は、現アメリカ大統領、ドナルド・トランプではないかといわれています。就任当時、さまざまな議論を呼んだ大統領でしたが、熱狂的な支持者がいることは事実です。

Backlash 跳ね返り

「このカードは、ターゲットとする人物と最低ひとつの共通点があるグループによって、陰謀カードの内容を無効にすることができます」

このカードの人物もどこかで見たことありそうですよね。元大統領のオバマに似ていることから、これはトランプに対しての反発を表しているといいます。このカードは大統領就任前に発売されているので、やはり黒人初の大統領も予定されていたことだったんでしょうか。

Enough is Enough もううんざりだ！

「いつでもどこでも、スナイパーがあなたを仕留めます。ごきげんよう」

これは誰がどう見ても、トランプ大統領にしか見えないですよね。スナイパーが仕留めることができるという記述から、彼の暗殺がささやかれています。

Princess Di プリンセスDi

「プリンセスDiと彼女の人形たちは、平和・自由主義グループの攻撃に耐性がありますが、メディアには弱いです」

このカードに描かれている人物は、ダイアナ妃だといわれています。このカードが発売された２年後に、彼女はパパラッチから逃走する途中で交通事故を起こし、亡くなりました。

★World War Three 第三次世界大戦

「他国への攻撃力が３倍になる」

第三次世界大戦は近々勃発するといわれていますよね。このカードに書かれているということは、大きな計画のひとつなのかもしれません。

★Combined Disasters　複合災害

「２つの災害を組み合わせることができます」

この時計台は銀座の和光の時計台に似ていることから、東京で大災害が起こることが予想されています。また手前に描かれている人々の服がオリンピックカラーであることから、2020年東京オリンピックで何か起きるのではないかと噂されています。

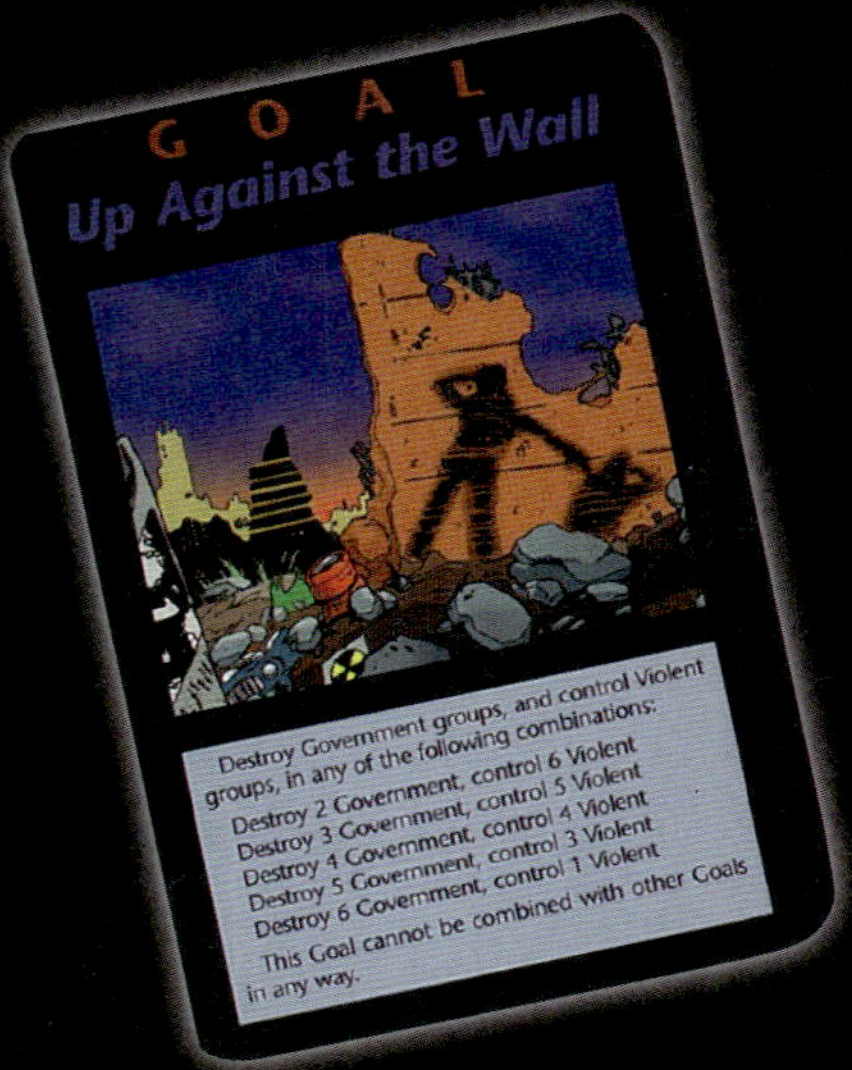

★Up Against the Wall 危機的状態

「政府グループを破壊し、暴力的なグループを制御する」

核爆発で荒れ果てた風景が描かれていますが、背景の景色がパシフィコ横浜に似ていることから、横浜で何かしらの大災害が起こると噂されています。

画像提供：アマテラスチャンネル49 https://amaterasu49.media/

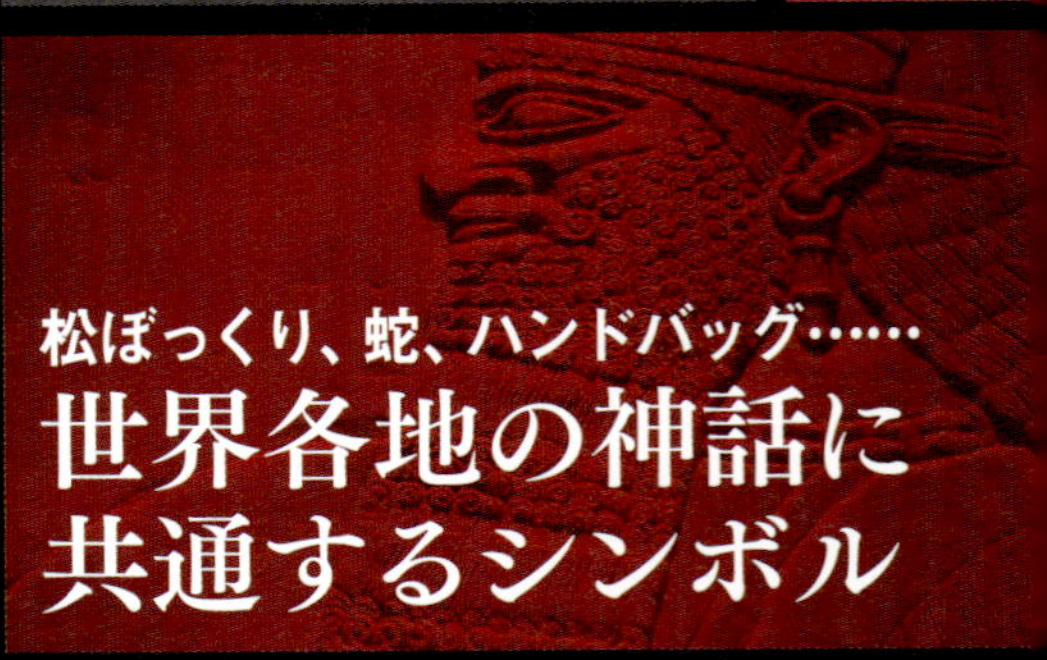

松ぼっくり、蛇、ハンドバッグ……

世界各地の神話に
共通するシンボル

世界の歴史

ピラミッド内部に
電磁波エネルギー
を発見！

人類の起源は
宇宙人!?

Chapter 1
ヤバい

地球の内側には
地底人が
住んでいる!?

シュメール文明

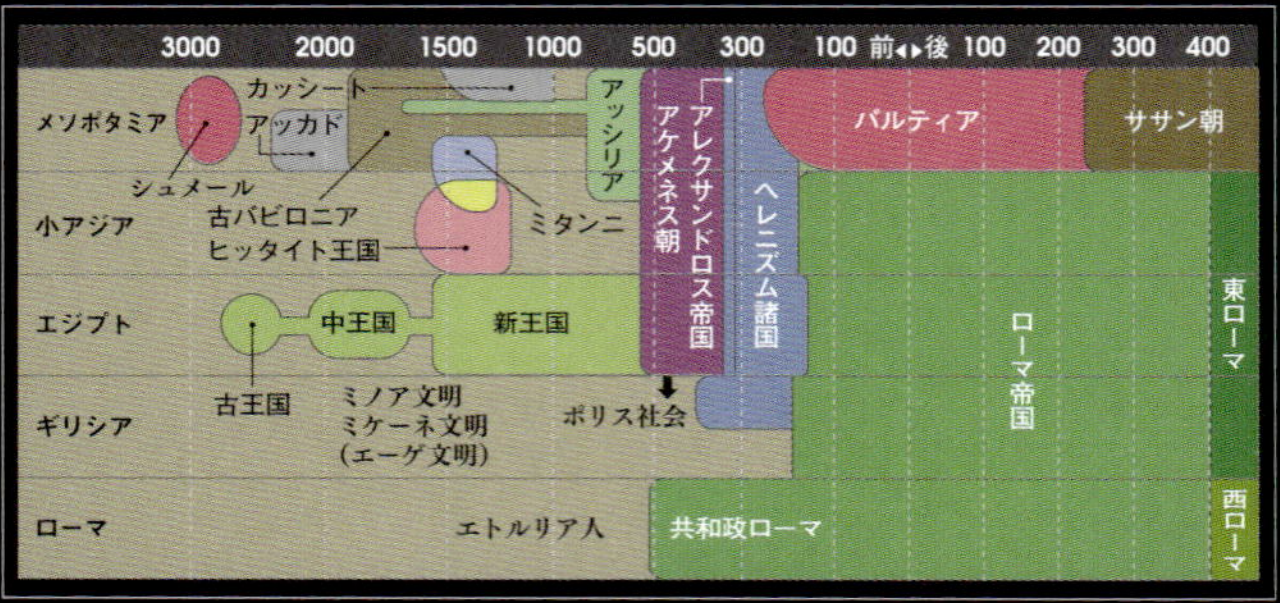

古代史については、これだけ科学が発達した現代でもわからないことだらけ。現在、判明している範囲で、人類が文明をもった最初の例は、謎多きシュメール文明だといわれている。

謎に満ちた人類最古の文明とは？

みなさん学校でもざっくりとは習ったと思いますけど、古代史ではメソポタミア文明、エジプト文明、インダス文明、黄河文明の世界4大文明が有名ですよね。では、人類最古の文明はどこなのか？その固有名詞は意外と知られていないかもしれません。

現在までに判明している**人類最古の文明は、紀元前３８００年頃、ティグリス川、ユーフラテス川の間、現在のシリア周辺で栄えたシュメール文明**だといわれています。

シュメール文明は1877年にフランスの発掘隊によって発掘されましたが、それ以前は誰にも知られることなく土に埋もれていました。遺跡も記録も現存する重要な文明であるにもかかわらず、その歴史についてはほとんど語られず、学校で学ぶこともないなんて不思議だと思いませんか？

動画をチェック！

突如として現れた高度な文明

このシュメール文明は、人類最古の文明にしてもっとも謎多き文明なんです。

というのも、紀元前5000年頃、イラク南部ではウバイド人と呼ばれる農耕民族が住みついていました。ただ、彼らは文字をもっていなかったため、詳しい記録は遺《のこ》っていないんですが、**紀元前3800年頃にシュメール人と呼ばれる人たちが、どこからともなく突然姿を現したそうです。**彼らは、それまで存在したどの民族とも違う身体的特徴をもち、異なる言葉を操っていたといいます。

そして、シュメール人はティグリス・ユーフラテス川流域（現在のシリア周辺）に住みつきました。彼らが現れてから、この地域には人類の礎《いしずえ》となる高度な文明の数々が築かれていきます。

シュメール人が遺した文明の痕跡《こんせき》には、現在の暦《こよみ》のもとになった太陰暦《たいいんれき》や数学（60進法）のような仕組みから、文字、天文学、医学、農業、軍事技術、宗教、音楽や芸術、さらには進んだ知識を伝えるための学校など、現在につながる〝文明のはじまり〟が見られます。

ちなみに、医学に関しては、白内障の場合、水晶体の混濁部分を除去すれば治るということや、その手術方法も知っていたらしいです。

また、彼らはエリドゥ・ウル・ウルク・ラガシュといった都市国家を人類で初めてつくり上げ、その都市国家で、独自の言語や宗教といった文化を築きました。

彼らの出現によって農村や集落が独立して点在するだけだった未開の地に、驚くほど進んだ都市国家が発展したのです。

人類最古の文明にもかかわらず、なぜそこまでの高度な文明を築けたのでしょう？

ヤバい秘密

シュメール人が神々から授かった知恵

現代文明の礎《いしずえ》を数多く発見できたのはなぜ？

天文学を利用し暦《こよみ》をつくった

シュメール人がいかに高度な文明を築いていたのか？　それを象徴するのが、彼らが月の満ち欠けで年月を測る太陰暦《たいいんれき》をもとに生活をしていたという事実です。

世界各地に点在する古代遺跡にも高度な天文学や数学の痕跡《こんせき》は見られますが、**シュメール人が使用していた太陰暦は、現代の水準に照らし合わせても驚くほど正確**だったようです。

シュメール文明で天文学が発達した理由は、ティグリス、ユーフラテス川の氾濫時期を把握するためだったという説が有力です。

豊かな大地を生み出す両河川から作物の実りを得ていた彼らにとって、天候の変化は死活問題。そのため、シュメール人は夜空に見える月の変化を観察し、時間を知る暦をつくったといいます。また彼らは、「約26000年かけて地球の地軸が円を描く歳差《さいさ》運動によって、北極星が変わる」ことも知っていたようです。

農作物のためだけに、ここまで天文学や宇宙について詳しくなれるものですかね？　ましてや**現代ほどの技術がない時代に、なぜ彼らは宇宙の法則を理解できたのでしょう？**

「シュメール人と天文学」、この関係はこの後の話にも大きく影響してきます。

なぜシュメール人は高度な文明を生み出せたのか？

高度な文明を生み出しただけなら、シュメール人が特別優秀だったということで説明がつきますよね。しかし、彼らを取り上げたのは、文明の発展に関する深い謎があるからなんです。

その深い謎というのが、彼らが遺《のこ》した文書の中にある不思議な記述です。**彼らの数々の発見、発明は「特定の誰かの功績」ではなく、「神々から授かったもの」と書かれていたの**です。

写真の碑には「太陽を周回している11個の惑星」としか思えない絵が。現在見つかっている８つの惑星のほかにも惑星があるのかもしれない。彼らが遠く離れた太陽系の惑星の数を知っていたとしたら、その理由は何なのだろう？

つまり、偉大な科学者が発明したとか、天才が発見したのではなく、神と表現される「何者」あるいは「何か」から授かった知恵だということです。

それどころかシュメール人は、自らも神々からつくられたと自称し、自分たちを「混ざり合った者」と呼んでいたそうです。

シュメール人が崇《あが》めた神々の名前は「アヌンナキ」。この後、徐々に明らかになりますが、このアヌンナキこそ、ヤバい歴史の鍵を握る最重要ワードになっていきます。

そして紀元前2000年頃、バビロニアの北に位置するアッカド人がシュメールに攻め込み、アッカド人によりメソポタミアが統一されました。

その後、シュメール人の文化はさまざまな文化と融合したことで独自性を失っていき、自然消滅してしまいました。

Topic 2

人類の起源は宇宙人!?

アヌンナキ

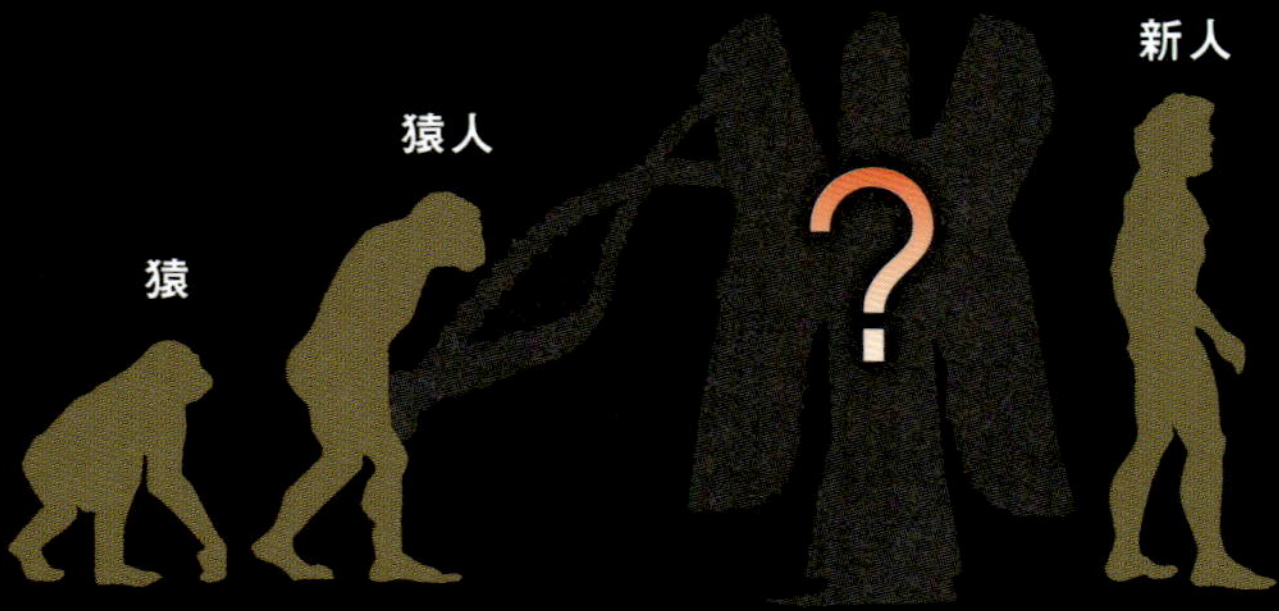

人類の祖先は猿で、そこから徐々にアウストラロピテクス・アファレンシスらの猿人、ホモ・ハビリス、ホモ・エレクトス、ホモ・ハイデルベルゲンシスなどの原人、ネアンデルタール人を代表とする旧人、そしてホモ・サピエンス（新人）へ進化したという定説は、“あるDNA調査の研究結果”によって覆されようとしている。

ダーウィンの進化論を覆《くつがえ》す新証拠？

ダーウィンの、「すべての生物は共通の祖先から〝自然選択〟を経て進化し、現在の姿になった」という説、いわゆる『進化論』。人間は猿から進化したというのはみんな学校で習ったことだし、それが当たり前だと思って育ったと思います。

しかし、２０１８年5月に**ダーウィンの進化論をひっくり返す衝撃の研究結果が発表されました。**アメリカ・ロックフェラー大学とスイス・バーゼル大学が共同で行ったＤＮＡバーコードの調査プロジェクトで、アメリカ政府の遺伝子バンクと、世界の科学者が集めた10万種の生物種の遺伝子、そして約５００万の遺伝子断片を徹底的に調査した結果、**人類を含む生物10種中９種は、10〜20万年前に突然地球に登場し、人類の進化の過程には中間種が存在しない**ことがわかったのです。

動画をチェック！

人類の起源・アヌンナキ説

人類の起源については、もともと猿人から新人までの進化の過程に中間種が存在しないことが指摘されていました。

20万年前になにが起きたのか？ それまで地球上にいた生物の遺伝子が消え、新たな生物種が繁栄したという新説とその証拠は、**人類は徐々に進化したものではなく突然現れたのかもしれない**という可能性を示しています。

もしこの説が本当ならば、人類は何者かによってつくられたと考えるのが自然ですよね。

突然現れた人類。ここで思い出してほしいのが、歴史の表舞台に突如現れ、消えていったシュメール人の存在です。

「年代が合わないのでは？」という声もあるかもしれませんが、シュメール人がいつから存在し、どんなルーツ、歴史をもっていたのかを知る手がかりは、彼らが遺《のこ》した碑《いしぶみ》にしかありません。1849年に発掘された14個のシュメール古文書の碑を解読した考古学者、ゼカリア・シッチンは、「人類起源古代宇宙飛行士説」を唱えています。

シッチンが解読したのは、シュメール人たちが「神」と崇《あが》めたアヌンナキは、3600年周期で地球に近づくニビル星という惑星からやってきた宇宙人で、**そのアヌンナキこそが、人類の生みの親**だという衝撃的な「人類起源の秘密」を明かした内容だったのです。

シュメール人が「神」と呼んだアヌンナキは、故郷の天変地異によって45万年前に星を追われ、地球にやってきた宇宙人だった？

鷲《わし》の頭をもつ異形のアヌンナキ。鷲の頭は彼らにとっての“宇宙服”だったという説がある。このセンスは宇宙レベル。

ヤバい

秘密

ルル・アメルプロジェクト

労働力を確保するために、人類の遺伝子を改良

アヌンナキの遺伝子を改良して人類が誕生した

ニビル星の天変地異によって移住を余儀なくされたアヌンナキたちは、母星の修復の可能性を探り、地球にたどり着きます。**地球を選んだ理由は、大量に埋蔵されていた「金《きん》」**でした。ニビル星の大気圏に金を散布することで、大気汚染などの問題が解決でき、彼らは再び故郷に住めるようになるというのです。

アラビア海に降り立ち、地球に眠る金の発掘を開始したアヌンナキでしたが、これが思ったより大変な作業だったため、不満が募り反乱が起きてしまいました。

この状況に窮《きゅう》したプロジェクトの責任者にしてアヌンナキの王子・エンキは、金の採掘作業を肩代わりさせるために、**アフリカ付近在来のホモ・エレクタスの遺伝子を改良して、労働力として利用する、ルル・アメル（原始的労働者）プロジェクト**を開始します。

大洪水の影響でさまざまな文明が滅て

ただ、この遺伝子改良は簡単なものではなく、その間には、半分神半分人間の生物がたくさん出来上がったそうです。

神に労働を奉仕する人類。人類誕生の理由が金採掘を行うためだとしたら……。多くの人が労働の奴隷である現代も同じようなもの？

エンキの息子、ニンギシュジッダ。人類の遺伝子操作やピラミッド設計を手がけた天才科学者でエジプトのトト神と同一人物とされる。

その後、ホモ・エレクトスとアヌンナキの体外受精によって、**アダマ（男）と、ティ・アマト（女）という初めての人類が誕生**しました。

しかし紀元前1万年頃、アヌンナキと人類に生存の危機が迫ります。

ニビル星が地球に接近してきたのです。3600年周期で起きる**ニビル星の地球への接近は、重力や磁場を乱し、大災害を起こす**とされていました。地球の変化を察知したアヌンナキたちは、地球から退避し始めます。

しかし、人類と長く過ごしたアヌンナキの中には、人類を救おうとする者もいました。それが、ルル・アメルプロジェクトの責任者、王子・エンキです。エンキは、忠実な付き人だったジウスドラに天変地異を乗り切る巨大船を建造するように命じ、設計図を渡します。

ジウスドラの船には、アヌンナキたちとさまざまな種の動物、植物が乗せられ、ほぼすべての陸地が沈んでしまう大洪水を乗り切ります。

こうした逸話は『ギルガメシュ叙事詩《じょじし》』や『旧約聖書』の「ノアの箱舟」など各地に遺《のこ》っていて、そこには「なんで同じなんだろう？」と思うような奇妙な一致がたくさん見られます。

ヤバい **秘密**

文明の立ち上げには、すべて同じ知的生命体が携わっている!?

世界各地の神話に現れるシンボルたち

世界各地の神話に見られる共通点

世界最古の文明とされるシュメール文明がもつ「神話」は、必然的に人類最古の神話ということになります。『ギルガメシュ叙事詩』、『旧約聖書』との共通点はすでに話しましたが、エジプト、ギリシャ、マヤ、ホピ、中国などシュメールと同じ「大洪水」に言及した神話は数え切れないほどあります。

神話だけでなく、**明らかに同じ特徴をもつ建造物や像、壁画に描かれたモチーフが、当時交流があったとは到底思えない世界各地に点在し、分布しているのはなぜなのでしょうか?**

シュメール文明がいくら高度な文明だったとはいえ、飛行機も高速船もない時代、一定の地域に留《とど》まって生活していた彼らの神話が世界に伝播《でんぱ》したというのは現実的ではないでしょう。

世界に散らばる共通点を俯瞰《ふかん》して見えてくるのは、**「世界のすべての神代の歴史に関わったのは同一の知的生命体だった」**という説です。

史実をもとに、民族や文明の原形をエピソードとして語るのが神話だとすれば、シュメール文明のアヌンナキこそ、すべての文明のはじまり。そして、あらゆる神話の創造主であり、〝神〟なのかもしれません。

松ぼっくりのシンボル (P·79 参照)

シュメール文明のアヌンナキの手元

エジプト神話・オシリスの杖の先

ローマ法王の杖

2匹の蛇のシンボル

2匹の蛇は、アヌンナキの天才科学者、ニンギシュジッダのシンボルだといわれていて、ギリシャ神話の神・アイオーンの足元をはじめ、インドや古代中国の神話などにも登場します。みなさんは、これを偶然だと思えますか？

ブードゥー教のシンボル

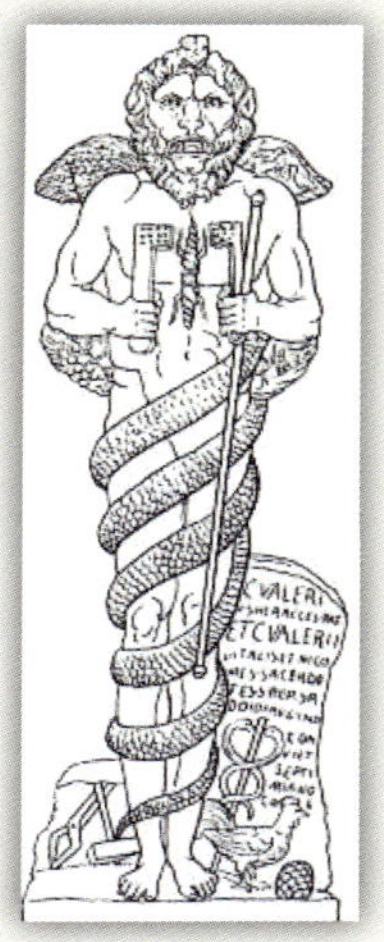

ギリシャ神話の神・アイオーン

ハンドバッグのシンボル

（上）１万年前のトルコ・ギョベクリテペの遺跡に見られるハンドバッグ

（左）シュメール文明の鷲《わし》頭のアヌンナキがもっているハンドバッグ

シュメール文明より古い年代の構造物とされ、“歴史のつじつまが合わない遺跡”といわれるギョベクリテペをはじめ、世界各地で見られる“ミステリアス・ハンドバック”のモチーフ。一体何を表したものだと思いますか？

Topic 3

ピラミッド

いまだ解明されていない神秘の建造物

世界最古のピラミッドとされる、「ギザの３大ピラミッド」。実はエジプトだけでなく、日本やアメリカ、メキシコ、イタリアなど、ピラミッドは世界各地で発見されている。建造から4000年以上経ったいまでも、詳しい建造方法や、誰が造ったか？ という真実は謎のベールに包まれたまま。

いつ造られたのか？

「世界でもっとも有名な遺跡」といえば、エジプトにあるピラミッドですよね。世界最古のピラミッドとされているのが、紀元前２６３０年頃に造られたとされている、古代エジプト第３王朝第２代ファラオ、ジェセル王の階段ピラミッドです。

みなさんも一度は見たことがある「ギザの３大ピラミッド」は、紀元前２５３０年頃に建造されたといわれています。こうした有名どころのほかに、エジプトでは大小さまざまな規模の約１４０基のピラミッドが発見されています。**４０００年以上昔、現代の土木工事の水準でも困難な巨大建造物を誰がどうやって建てたのか？ 何の目的で造ったのか？** そういった謎がいまだに解明されていない神秘の建造物、ピラミッド。やはり僕たちが知っている歴史や、学校で習った知識だけでは説明のつかないことだらけなんです。

動画をチェック！

現存する唯一の世界七不思議

ピラミッドって何のために存在するんでしょうね。**かつては「王の墓説」が有力でした。しかし、数々のエジプト王の名を冠《かん》したギザの3大ピラミッドでも、肝心の「王のミイラ」が見つかっていないんです。**しかも、ピラミッドの内部には、エジプト文化を表す壁画なども全く描かれていません。

この事実から近年、「王の墓説」は疑問視されています。

また、ピラミッドの神秘性を高めている要因といえば、現代の技術でも再現が難しいとされる技術力の高さでしょう。

石と石のあいだは紙一枚分の隙間もなし。電動器具やウォータージェットカッターも使わずに石を正確に切り出す技術。そして、テトリスの達人並みに石を積み重ねる設計力。

ギザの3大ピラミッドは、建築の専門知識がない素人の目にも直感的に、その正確性や美しさが伝わってきます。

実はこの直感、あながち間違いではないんです。ギザの3大ピラミッドの中でももっとも有名な**「クフ王のピラミッド」は、現在の技術で測量しても、寸分の狂いもなく正確に北を向くように建てられている**というのです。

現代に比べれば数学、物理の知識、測量技術、建築技術など、あらゆる面で劣っているはずの4000年以上前に、なぜここまで精巧な巨大建造物を設計、施工できたのか?

「古代エジプト人は天文学に長《た》けていた」「太陽の動きから真北を正確に測れた」という仮説だけでは説明がつきませんよね。

ちなみに、**ギザの3大ピラミッドの配置は、1万2500年前のオリオン座の並びとピッタリ一致する**ということもわかっています。

ヤバい秘密

ピラミッド建造にまつわる4つの説

現代の技術でも再現が不可能な精密な設計

誰が、どうやって造ったのか？

ピラミッドはどんな人たちによって造られたのか？　設計した人たちは、恐ろしく頭の良い、古代の人とは思えない知識を持ち合わせていたことは間違いないでしょう。

では、ピラミッドを造る労働力になった人たちは何者だったのか？　よく知られている、**「王の墓を造るために駆り出された奴隷」という説は疑わしくなっています。**代わって台頭してきた説が、**「公共事業説」**です。

当時のエジプトではナイル川が氾濫する7月～11月にかけて、農作業が行えませんでした。

そんな不可抗力による農閑期に、王主導でピラミッド建造という公共事業を創出し、労働の対価を与えて国民が飢えるのを防いでいたという説です。実際に食料やワインを供給したとか、働いた分の対価を得ていたという記録が遺《のこ》されています。

20年間、のべ2～10万人の人が関わって造られたとされるピラミッド。労働力もさることながら、**ひとつ2～80トンの石を約230万個積み重ねたそうです。この重さの石をどうやって運んだのか？**　という疑問が残りますよね。

次のページでは、ピラミッド建造にまつわる4つの説をご紹介します。

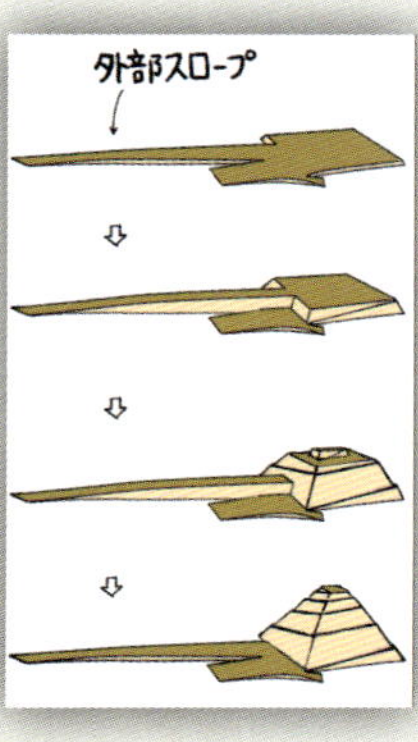

ピラミッド建造の4つの説

❶外部スロープ説

ピラミッドの一段目にそって土を盛ってスロープを造る。作業員はスロープの上で一段目の石を積み、積み終えたら二段目の高さまでスロープを盛っていく。この作業を繰り返して最上部まで石を積み終えた後、周囲の盛土《もりつち》を取り除いたのではないかという説。

❷クレーン説

エジプト人は近代まで、ナイル川から水を上に上げるために「シャダーフ」という木製クレーンを使っていた。シャダーフに似た装置が古代の壁画に描かれていたことから、このクレーンで石を持ち上げ、ピラミッド建造に必要な石を積み上げていったという説が生まれた。

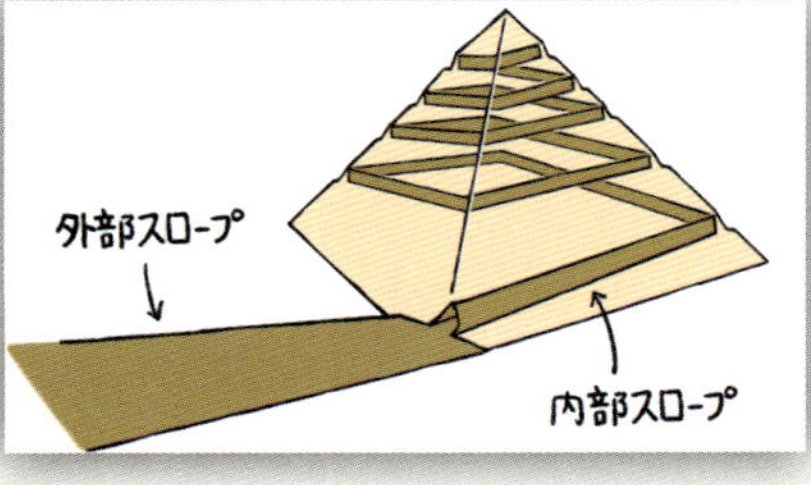

❸内部スロープ説

地面から3分の1までは、ピラミッド外部に直線のスロープを設置。ここまでは外部スロープ説と同じ。3分の2から上は、外部スロープと接する面に入り口を設け、ピラミッド内部にスロープを造ったという説。内部スロープから石を運び積み上げた。

❹ウォーターシャフト説

ナイル川の水流を使い、傾斜をつけた「水路トンネル」と「水門式の扉」を併用し、水の浮力を使ってピラミッドの上部まで石材を運んだという説。イギリスの建設会社社長クリス・マッシーが唱えた。

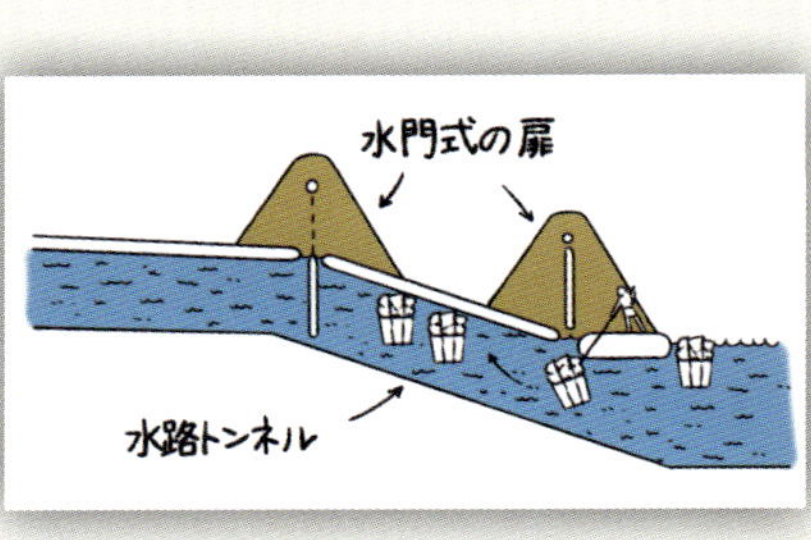

ヤバい秘密

ピラミッドはエネルギー発生装置だった!?

内部と地下には電磁気エネルギーが集中している

エネルギーをつくる装置だったのかもしれない

みなさんどこかで一度は聞いたことがあるかもしれない「ピラミッドパワー」。これは**ピラミッドの内部には不思議な力があって、腐敗を防いだり、人間の精神力を高めたりする効果がある**というものです。これについては科学的根拠が乏しいとされていますが、近年、「ピラミッドがエネルギーを生む」可能性がある証拠が出てきました。

２０１８年、「Journal of Applied Physics」にロシア・サンクトペテルブルクのＩＴＭＯ大学のアンドレイ・エヴリューキン博士らの研究チームの驚くべき論文が発表されました。

「ピラミッドが発電施設だった可能性がある」

論文がこう結論づけているわけではありませんが、測定結果からピラミッド内部の電磁気エネルギーは、王の間《ま》と女王の間《ま》のあいだにある地下室に、まるで設計されたかのように流れ込んでいることがわかったのです。

ピラミッド内部の中核部分は、マグネシウムを多く含む、電気伝導率が高いドロマイト。表面を覆っていた岩石には、マグネシウムのない、電気を漏らさないような素材。そして、内部の通路には、低レベルの放射線を発する花崗岩《かこうがん》が使用されていることがわかりました。これが何を示すかというと、**ピラミッドは発電にも蓄電にも最適な内部構造、素材で設計されている**ということです。

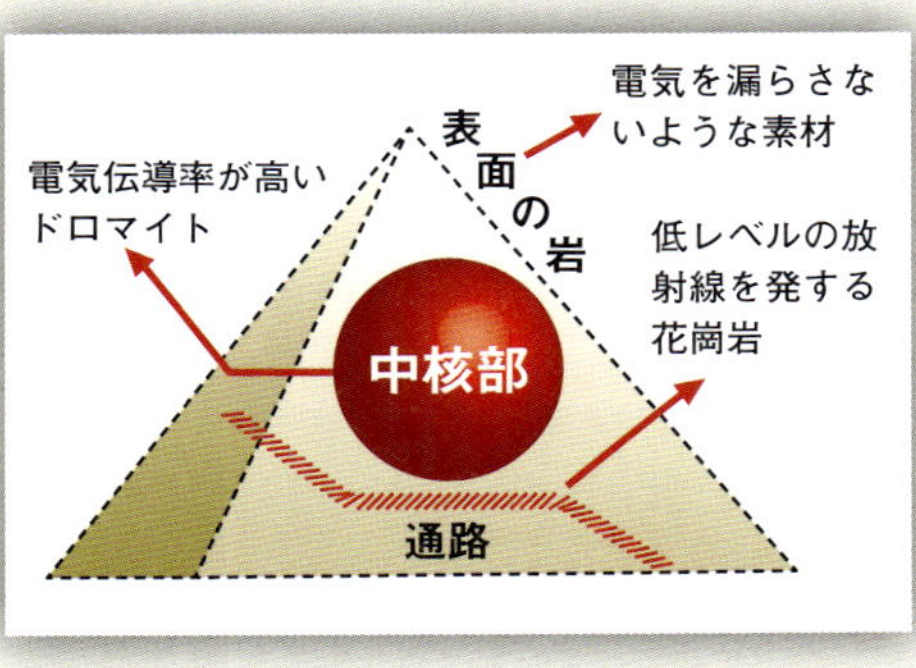

花崗岩が発する低レベルの放射線が、ドロマイトを通してピラミッド内部に広がる。表面の岩は電気を漏らさないので、内部にエネルギーが集中する。

果たしてこれは偶然なのか？　偶然にしても、ここまで好条件がそろうのは不思議ですよね。

また、ピラミッドが建造された当時はナイル川がすぐ近くに流れていたので、この「水」を使った発電の存在を示唆《しさ》する研究者も多くいます。

川の水をピラミッド内部の小さな地下室に引き込み、ポンプ作用で水圧をかけ、ピラミッド全体を振動させていたのではないかというのです。

実は後世、ピラミッドをエネルギー発生装置として再利用しようとした人物がいます。世紀の天才科学者であり、「マッド・サイエンティスト」と呼ばれるニコラ・テスラです。このぶっ飛んだ発想の持ち主、テスラについては、あとで詳しく説明しましょう（P・54参照）。

宇宙から見た地球の目印

ちなみに**ピラミッドは、金《きん》採掘のために地球へ来たアヌンナキたちによって造られたという説**があります。もし、ピラミッドが、宇宙から見た地球の目印だったとしたら……。

やたら正確に北を向いている理由や、内部のエネルギー発生も説明できてしまいますよね。

ヤバい秘密

シュメール文明以前に違う文明が存在した!?

スフィンクスが覆《くつがえ》す人類の歴史

スフィンクスが造られたのは紀元前1万年以上前?

ギザの3大ピラミッドが完成したのは約4500年前といわれています。そのうちのひとつ、カフラー王のピラミッドを守るようにして建てられた石像、それが世界的にも有名な「スフィンクス」です。**このスフィンクス、実はピラミッド本体よりもずっと前に造られたのではないかという説**があるんです。

その説を唱えているひとりが、アメリカの予言者、心霊診断家として高名なエドガー・ケイシー（P・66参照）です。ケイシーは、**「スフィンクスの足元には『地球の本当の歴史』と『宇宙からの知恵』が保管されている」**と予言。そして1978年、この予言をもとにケイシーの研究チームは、スフィンクスの足元を調べるための発掘作業を行いました。

この発掘作業の結果、ケイシーは、**「スフィンクスは紀元前1万490〜1万390年前に造られた」**と断言しました。

もしこれが事実なら、紀元前3800年頃に栄えた**人類最古のシュメール文明よりも前に、優れた土木技術をもった高度な文明が地球に存在していた**ことになります。これは人類の歴史を変える、歴史的大発見ですよね。

スフィンクスの2つの謎

スフィンクスの地層に見られる水の跡

スフィンクスと大洪水

スフィンクスの地層には、「水に浸かった跡」が見られます。ここまでくっきり水の跡が残るには、少なくとも1000年は激しい雨が降り続く必要があるといいます。ここで、スフィンクスの完成した年代に矛盾が生まれますよね。人類最古のシュメール文明が栄えた紀元前3800年から、1000年は前に建造されていないと水の跡は残りません。スフィンクスの謎が深まると同時に、都市伝説的重要ワードである「大洪水」もここで出てきます。

スフィンクスの顔と、
ギリシャ神話のアイオーンの顔

スフィンクスを造ったのはアヌンナキ？

スフィンクスの顔は「削られた結果」、いまの姿になったのでは？　という説があります。本来のスフィンクスの顔は「ライオン」だったと……。ライオンは、アヌンナキの天才科学者ニンギシュジッダのシンボルとして、度々歴史に姿を現しています。ギリシャ神話のアイオーンもそのひとつです。シュメール神話によると、スフィンクスを造ったのはニンギシュジッダとされているので、「ライオンの顔」は彼が造ったという証《あかし》なのかもしれません。

Topic 4

地球空洞説

地球の内部には異次元空間が存在している!?

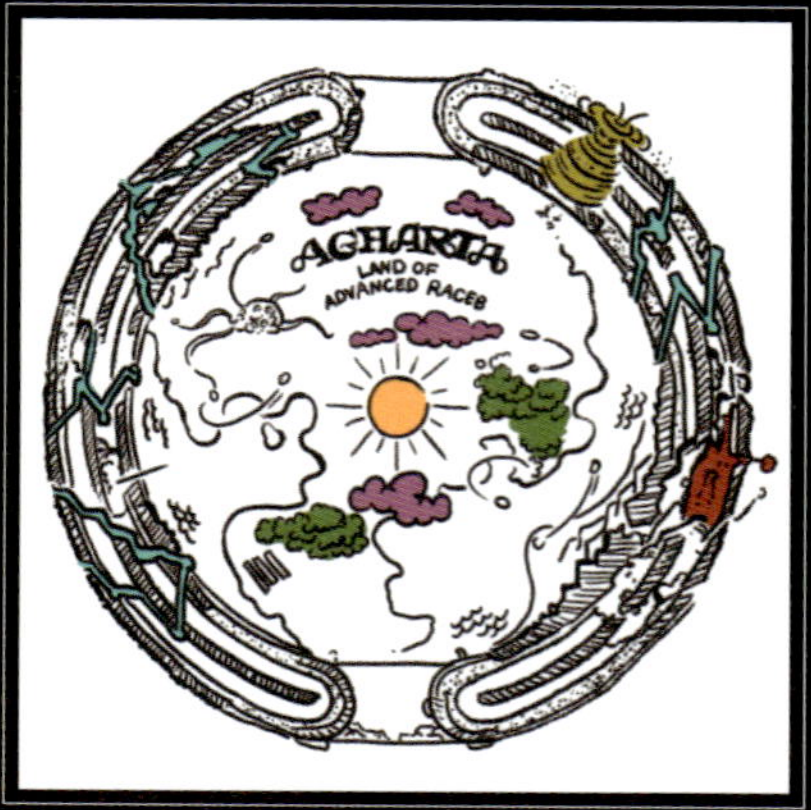

19世紀末から20世紀にかけて世界中で話題になったのが、地底都市「アガルタ」の存在。このアガルタ、単なる地底都市ではなく、地球の磁場によって発生したプラズマが生み出した、異次元に存在する空間だという。

宇宙人は地底に住んでいる!?

宇宙にロマンを感じる人は多いと思いますが、人類の住む地球も、まだまだわかっていないことが多いんですよね。

たとえば、**「地底」**。地球の内部構造は内核、外核、マントル、地《ち》殻《かく》で構成されているということになっていますが、地球の断面図を見た人はいませんよね。もし、地球の地下深部は空洞になっていて、そこに高度な文明をもつ生命体が住んでいるとしたら……。

1692年、ハレー彗星の回帰を予言したことで有名なイギリスの天文学者、エドモンド・ハレーが、**「地球内部には、中心核と同心球状の2つの内核からなる空洞がある」**という『地球空洞説』を唱えます。ハレーによれば空洞内部は明るく、居住可能らしいです。

ファンタジーに聞こえるかもしれませんが、宇宙人は宇宙ではなく、地底に住んでいるとしたら面白いですよね。

動画をチェック!

現実世界には理想郷が存在する

ハレー以前も、地底世界の存在を示す神話や逸話は、世界各地に存在します。

そのひとつ、**チベット仏教の理想郷とされる「シャンバラ」**は、まさに地底世界を描写しているとしか思えない記述がたくさんあります。

シャンバラは、精神性を高め、高次元の存在になった者だけが行ける場所とされていて、凡人には行くことどころか見ることさえできないらしいです。

「仏教の精神世界の話？」

そう思うのが普通ですが、チベット仏教の最高指導者、ダライ・ラマ14世は、**「シャンバラは現実世界に実在する」**と断言しています。

現在、シャンバラへの入り口として考えられているのが、チベット仏教の聖地、ラサ・ポタラ宮の地下。その入り口には秘密を守る門番がいるとされています。

同様の神話や言い伝えが世界各地にあることから、**地底世界への入り口は、世界各地にある**と考えられます。

また、北極に住むイヌイットには、「北の果ての門番として、恐ろしい魔人が住んでいる」という言い伝えがあるそうです。「北の果て」で一体、何を守っているんでしょうね？

そして、旧ソビエトの宇宙ステーション、ミールが撮影した映像や、気象衛星が撮影した「北極の穴」をはじめ、地底への入り口ではないかと思われる物的証拠も多数あり、これをシャンバラや、地底都市のアガルタと関連づけて考える人も多くいます。

ちなみに、シャンバラでの主な移動手段は、空飛ぶ乗り物らしいです。UFOなら、穴から入ってそのまま内部を移動できますよね。

ヤバい秘密

地底世界は地上からのエスケープゾーン

太陽や空、自然、動物で満ちている

惑星の表面に住むのは地球人だけ!?

大噴火や大洪水、氷河期、巨大隕石《いんせき》など、理由はさまざまですが、**人類が過去に幾度となく存亡の危機に立たされた**ことは、ほとんどすべての神話に盛り込まれています。

では、地球に住む人類はどうやって絶望の危機から脱したのか？ もし、その逃げ場が地底にあったとしたら……。

考えてみたら**惑星表面である地上は、とても危険なところ**ですよね。宇宙の放射線や紫外線などの直撃を受け、隕石や宇宙ゴミに対しても無防備。地球では地上に住むのが当たり前ですが、ほかの惑星ではどうなんでしょう。

もしかしたら、**ほかの惑星では内部に住むのが当たり前なのかもしれません。**そう考えると、近隣の惑星の〝地表〟をいくら探しても、宇宙人に出会えないのも納得ですよね。

「地底」と聞くと、洞窟のような暗い場所を想像するかもしれません。しかし、「オイラーの公式」で知られる高名な数学者、レオンハルト・オイラーをはじめ、「地球のコア付近にはマントルではなく内部太陽が存在し、空や自然、動物も存在する」という仮説を唱える識者はたくさんいるんです。

地底世界から〝やって来た〟ホピ族

先ほどお話ししたチベット仏教、イヌイットだけでなく、アメリカの先住民族、「ホピ族」にも地底世界に関する神話があります。

ホピ族の言い伝えのすごいところは、地底世界が「ある」とか、「行った」とかではなく、**自分たちの祖先は「地底から来た」**と断言していることです。

自分たちの祖先が地底人だと言い切るなんて、かなり驚かされる発言ですよね。

アメリカの先住民、ホピ族。彼らの祖先は、人類存亡の危機のときに、グランドキャニオンの“ある入り口”から地底世界へ避難した人たちだという。

ホピ族によると、人類の第1時代は火によって滅亡し、第2時代は氷、第3時代は水によって滅ぼされたそうです。そして、**第４時代（現代）に生きるホピ族の祖先は、第1時代にグランドキャニオンの〝ある入り口〟から地底世界へ避難した人たち**だというのです。

また、ホピ族は、さまざまな予言を的中させた部族としても知られ、その予言には、地球に衝突する「青い星」が登場します。この「青い星」はアヌンナキの母星であり、３６００年周期で地球に接近するといわれる「ニビル星」だとする都市伝説も根強くあります。

ちなみにエジプト神話では、**ピラミッドの地下には隠された部屋があって、古代エジプトの王・ファラオは、そこから地底人と交信していた**といいます。もしかしたらピラミッドの内部には、地底に住む宇宙人とつながれる場所があるのかもしれません。

ヤバい秘密

地底人から人類へのメッセージ

地底世界へ行ったかもしれない男の記録

南極観測プロジェクト「ハイジャンプ作戦」

1926年、航空機で北極点に初到達し、1929年には南極飛行にも成功して国民的英雄になったリチャード・バード米海軍少将は、別の理由で都市伝説界でもかなりの有名人です。

1946年から1947年にかけて、第二次大戦を終えたばかりのアメリカは、**バード少将を責任者にした南極観測プロジェクト、「ハイジャンプ作戦」**を決行します。約4700人もの人員を投じて、南極を丸裸にしてしまおうというこのプロジェクト。しかし公式の成果とは別に、**バード少将の飛行日誌に残された奇妙な記述がのちに大きな話題になりました。**

バード少将の操縦する飛行機が北極を通過しようとしたその瞬間、急に目の前に濃い霧が立ち込めました。霧の中をしばらく進むと、突然パッと視界が開け、目の前には氷の世界ではなく緑豊かな山々が出現したのです。しかも、外の気温は23度を指し、高度を下げるとマンモスらしき動物が……。そのまましばらく飛行すると、バード少将の機体に2機の見慣れない飛行物体が近づいてきます。謎の機体からの無線交信で着陸を誘導されたバード少将。

一体ここはどこなのでしょう？

地底人との遭遇

リチャード・バード少将を選び、メッセージを伝えたとされる地底人のイメージ。背が高く、金髪で白人の姿をしていたという。

バード少将は謎の無線の指示に従い、飛行機を着陸させます。そこには、地上では見たことのない建物が立ち並ぶ街がありました。バード少将を待ち受けていたのは、背が高く、金髪で白人の姿をした人たちでした。

彼らはバード少将に、**この場所が地球空洞内であること、そして彼が高潔な人格者で、地上世界で有名だから招き入れたこと**などを語り出します。

核心部分はここからで、**彼らは地表に住む人類に警告をするんですね。**その内容は、**「広島と長崎に原子力を使った爆弾が使用されたことで、人類に干渉せざるを得なくなった。人類が破滅へと向かうのは明らかで、それは過去に一度起きている。我々は、世界中の権力者に警告してきたが、そのメッセージは無視され続けてきた」**ということでした。

地底人たちはバード少将を選び、このようなメッセージを託したというのです。

無事帰還したバード少将は、死ぬまでこの不思議体験を語ることはありませんでした。しかし、事実を隠すことはできません。彼の死後、飛行日誌が見つかり、それが広く知られるようになったのです。**ちなみに、バード少将もフリーメイソンの一員だったと……。**

それが何を意味するかは、この本を読み終えたときに浮かび上がってくるかもしれません。

Chapter 1

まとめ

みんな学校では偽《いつわ》りの歴史を学んでいるのかもしれません

鎌倉幕府の成立年が「1192年（いい国）」から「1185年（いい箱）」に変わったり、源頼朝、足利尊氏とされていた肖像がまったくの別人だったり……。

教科書で習う歴史って結局、現在正しいとされていることを載せているだけなんですよね。新しい資料や証拠みたいなものが出てきたら変わっていくのは当たり前で、教科書で習うことすべてを本当にあったこととして鵜呑《うの》みにするより、「いまの時点ではここまでわかっている」くらいに思っておいたほうがいい気がします。

とくに**「人類の起源」のような大きなテーマは、さらにわからないことだらけ。**後世を生きる僕たちは、遺跡を発掘したり、神話を読み解いたり、仮説に仮説を積み重ねて、なんとなく信憑性《しんぴょうせい》が高いひとつの説を「これ、正しそうだな」と思うくらいしかできることがありません。

都市伝説的には、この「よくわかっていない壮大なテーマ」に対して、一見バラバラに見える遺跡

や神話、出来事、人物が一気につながって、偶然が偶然に見えなくなる瞬間、すべてがカチッとかみ合うあの一瞬が楽しいんですよね！

その中でも「神話」は解読のしがいがある題材です。世界各地にそれぞれの神話が伝わっていて、継承《けいしょう》も交流もあるはずないのに、ものすごい確率で共通点がある。実際に巨人とか異形の人、神がいたのかは謎ですが、**神話が織りなす物語の中には、世界のヤバい歴史を紐解くヒントが満載**です。

たとえば、世界最古の文明、シュメール文明に登場するアヌンナキ。アヌンナキ宇宙人説は、ゼカリア・シッチンの碑文《ひぶん》解読によるところが大きいのですが、この解読の正確性、信憑性については、かなり懐疑《かいぎ》的な声があるのも事実です。しかし、ゼカリア・シッチンの解読、解釈が世界の考古学や都市伝説、ミステリーファンを興奮させたのもまた紛れもない事実です。

「宇宙人が人類を創造した」と聞くと、いくら何でもぶっ飛びすぎな気がしますが、大洪水や神話の中身一つひとつを見ていくと、世界中に遺《のこ》された人類誕生、進化の秘密の痕跡《こんせき》とつなげて考えられずにはいられなくなるんですよね。

もしかしたら、人類の起源に宇宙人が関与したのが歴史の事実で、**「それを明らかにしてしまうと都合の悪い人たちがいる」「いまあるシステムを保つために真実が封印されてしまった」**とも考えられますよね。世界中の人たちが「不都合な真実」に近づかないように、誰かが偽りの歴史を学ばせているのかもしれません。

アノニマスから
人類への警告

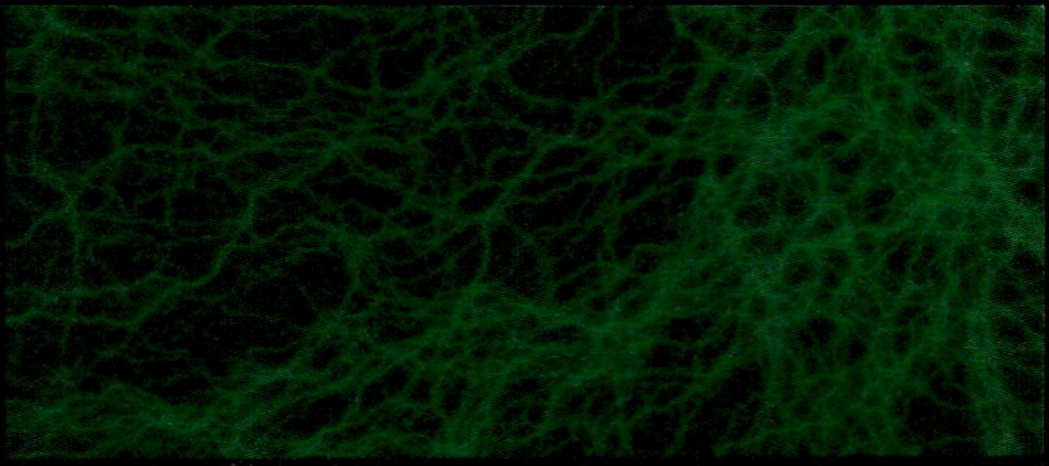

フリーメイソン、
イルミナティの
黒幕の正体

い人物たち

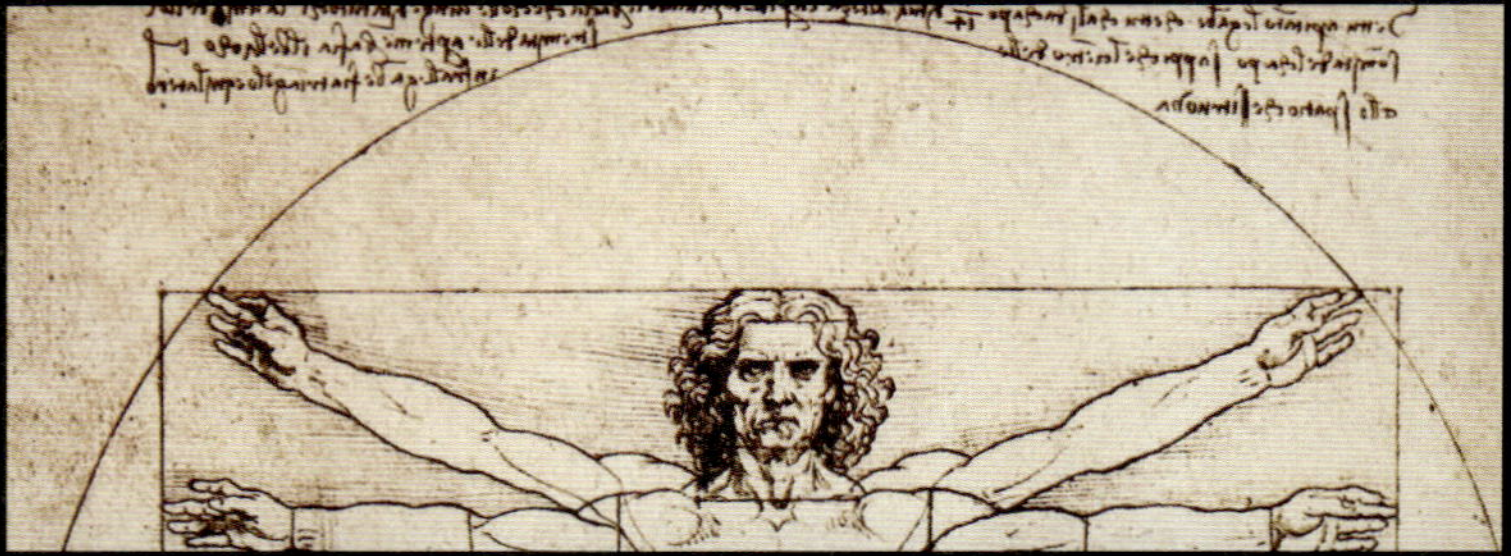

レオナルド・
ダ・ヴィンチが発見した
人体の神秘的法則
とは?

高次元の空間にアクセスした予言者！

エドガー・ケイシー

Chapter 2
世界のヤバ

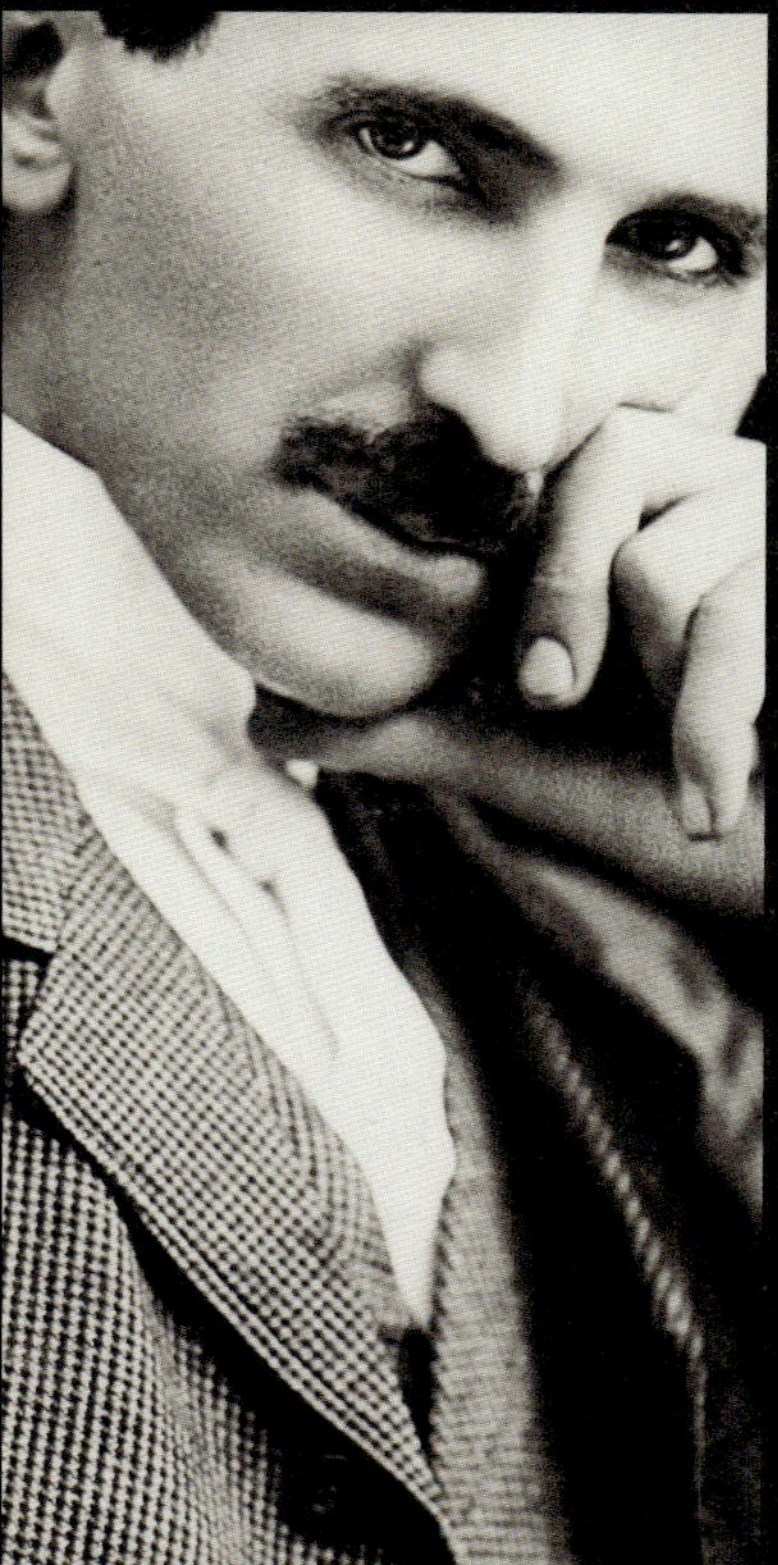

最強の天才……

ニコラ・テスラのヤバすぎる発明！

Topic 1
エジソンを超える天才発明家

ニコラ・テスラ

兄の死をきっかけに開花した才能

ニコラ・テスラは 1856 年にオーストリア帝国（現在のクロアチア）で生まれた発明家。電気の交流方式、蛍光灯など数々の発明を世に送り出した。また、地球が帯電体《たいでんたい》であることを利用し、全世界に無線送電する「世界システム」を構想した。

教科書的にも有名だけど、都市伝説的にはもっと重要人物。ニコラ・テスラは、そんなヤバい人物たちの代表格です。交流電流を発明したテスラは、ラジオや電動モーターなど、現代につながる重要なものを発明しています。**技術者としての発想が常人とはかけ離れた天才肌の研究者**で、彼の発案するアイデアはどれも奇抜なものばかり。

彼の天才性に大きく影響を与えたのが、幼い頃の兄の死だといわれています。兄であるデンはニコラ・テスラ以上の天才で、周囲からの期待を一身に受けていたそうです。

しかし兄の死をきっかけに、テスラにある変化が起きます。**肉体的感覚が鋭敏になり、幻聴や幻覚に悩まされるようになった**のです。数部屋先の腕時計の音が頭の中に響き渡るほど大きく聞こえ、幻覚と現実の差がわからなくなる。こうした感覚を得てからのテスラは、兄譲りの天才ぶりを発揮していったといいます。

動画をチェック！

エジソンとの電流戦争

みなさん〝発明王〟と聞いて最初にイメージする人物といえば、トーマス・エジソンですよね。**実はテスラは、エジソンの会社で働いていたことがあるんです。**

28歳のときにアメリカへ移住したテスラは、エジソン電灯会社（のちのエジソン・ゼネラル・エレクトリック・カンパニー、現在のGE）で働き始めます。**当時、エジソンは直流方式の送電システムの開発を進めていました。**

一方、テスラが提案したのは交流送電システム。エジソンは直流方式にかなりのこだわりがあったため、テスラの意はまったく受け入れませんでした。そして、テスラは1年ほどで退社。

退社後、独立したテスラは、電力供給システムでエジソンと争っていた、ジョージ・ウェスティンハウスと組んで、エジソン陣営と直流、交流をめぐって**「電流戦争」**と呼ばれる激しい争いを繰り広げます。

エジソン陣営の直流推進プロパガンダはすさまじく、野良犬や野良猫を交流電気によって殺処分する実験を実施、エジソンの働きかけで交流方式の電気椅子を死刑執行に採用させるなど、「交流方式は危険」というイメージを世間に植え付けようとしました。この話を知ると、エジソンのイメージが変わってきますよね。

対するテスラは、人体に交流電気を流すショーを行うなどして、安全性を訴えました。

電流戦争は、ナイアガラの滝の水力発電システムに、テスラの交流電流が採用されたことで決着します。

その後、発電、送電のシステムは、直流から交流へとシフトしていき、最終的にはエジソン・ゼネラル・エレクトリック・カンパニーも交流システムに転換することになります。

9

ヤバい

秘密

テスラのヤバすぎる発明

太陽と地球のエネルギーを利用して、エネルギーを発電

世界中のすべての人がエネルギーを生み出せる⁉

電流戦争に勝利したテスラは、1901年、ニューヨークに「ウォーデンクリフ・タワー」と名付けられた電波塔を建設し、電波による通信、送電の実験を始めます。

テスラが発明した**高周波・高電圧を発生させる共振変圧器、「テスラコイル」を用いて電波で電力を送ろうとしたこの計画**。当時使用できる電磁波の周波数が低すぎるという問題から成功しなかったということですが、これって携帯電話、Wi-Fi、無線送電とまったく同じ考え方ですよね。

現代でも実用化されたとは言い切れない無線送電については、当時テスラが約200個の電球を電線なし、つまりワイヤレスで送電し、点灯することに成功したという実験記録が残っています。

実はテスラの計画はもっと壮大で、**地球全体を導体として、太陽と地球のエネルギーを利用して地球上のどこでもエネルギーを発電することができるという「世界システム」**を構築することが、このプランの最終目標でした。

「無料で無限にエネルギーが手に入る」。テスラは**世界のエネルギー産業の構造を一変させる**

「フリーエネルギー」の発明にいち早く着手していたのです。都市伝説的には危険な香りがしますよね。

しかしウォーデンクリフ・タワーを拠点とするこの計画は、支援者だったJ・P・モルガンの資金援助打ち切りであえなく頓挫《とんざ》してしまいました。高さ約57メートルにおよぶタワーのその後はといえば、第一次世界大戦時に「空爆の目標になってしまう」という理由で、解体されてしまいます。

ウォーデンクリフ・タワー

テスラコイル

エリートにとって不都合だった フリーエネルギー開発

J・P・モルガンは、なぜ資金援助を打ち切ったのか？　1905年に完成したウォーデンクリフ・タワーは、なぜ1917年に取り壊されたのか？　「空爆の目標にされてしまう」「J・P・モルガンが有線送電線に使用される銅ビジネスを優先させた」など、表向きの理由は語られていますが、もしこの装置が成果を挙げ、**テスラの「世界システム」が完成していたら、世界のエネルギー産業はその構造を大きく変えていたはず。**つまり、石炭や石油の有限資源に頼る必要がなくなり、一部の支配層はその権益や、独占権を失ってしまいますよね。

真実は闇の中ですが、その後テスラの研究所は謎の失火ですべての資料を失い、「世界システム」構想は歴史から姿を消すことになります。

ヤバい秘密

天候を操り、地震や津波を起こすことができる悪魔の兵器
現代にも応用されるテスラの発明

数々の兵器や装置に応用

壮大な計画をもちながら、志半ばでこの世を去った天才発明家、ニコラ・テスラ。

都市伝説界では、彼の死後、FBIが膨大な研究資料を押収したという話がまことしやかに語られています。その卓抜したアイデアと理論は、軍事大国アメリカの兵器開発や、秘密裏に進められている人工地震装置、反重力システムの開発などに応用されたというのです。

これらすべてがテスラの発想、研究と関係しているとは断言できませんが、ほかにもテスラの発明が応用されたと考えられている技術はたくさんあるんです。

まずは反重力システム。**生前のテスラは電気エネルギーで物体を浮遊させる方法を発見し、資金面に問題がなければすぐにでも実用化可能だと話していた**そうです。アメリカ議会が資金拠出を決めたとされる「リフター」なる装置は、まさに反重力システム。この技術はUFOの飛行技術だともいわれています。

また、テスラはガソリンの代わりに「エーテル（P・88参照）」を使用するモーターも開発していたとされます。電気自動車の新興メーカーもこの発明を応用すれば、無限エネルギーの画期的な車をつくれるかもしれません。

高周波活性オーロラ調査プログラムとして実在する「HAARP（ハープ）」も、テスラの理論を応用したものとされている。このHAARP、裏モードとして天候を自在に操り、地震や津波も起こすことができるといわれている。

そして、都市伝説的に外せないのが、**フィラデルフィア計画**でしょう。**テスラコイルを用いれば軍艦の磁気を消滅させることができ、レーダーに映らないという仮説の実証実験計画**です。実験の結果、レーダーどころか戦艦自体が姿を消し、２５００㎞離れた海域に移動。その数分後には、もといた場所に戻ってきたというとんでもない話があります。

さらに恐ろしいことに、**乗組員たちの体が船体と一体化した、体の一部が透明化したなど、秘密の被害報告が告発されてい**るんです。まじヤバくないですか？

3・6・9の数字へのこだわり

天才発明家、テスラが執拗《しつよう》なまでにこだわったのが、「３・６・９」の３つの数字です。

建物に入る前に周囲を3周したり、３で割り切れる部屋番号の部屋しか泊まらなかったり、18枚のナプキンで食器を拭いたりするなど、テスラが強迫的観念ともいえるくらいこだわった３・６・９の数字にはどんな意味があったのでしょう？

テスラは、**「3・6・9の数字の意味を知れば、宇宙への鍵を手に入れることができる」**と語っています。３つの数字の偉大さについては、込み入った話なので別の機会に譲りますが、もともと数字は人類がつくったものではなく、発見したものとされています。

ほかの人には見えない数字の法則、神秘の理《ことわり》がテスラには見えていたのかもしれません。

アノニマス

自由意思のもとに集まる名もなきハッカー集団

アノニマスは「匿名」の個人であり、集団でもある。物理的な本拠地をもたず、命令系統もない。サイバー空間を自由にさまよい、自由意思でハッキングを仕掛けるハッカーであるアノニマスは、特定が極めて困難。ビジュアル的には悪役だが、一体何者なのか？

悪を裁き、市民を救うヒーロー？

アノニマスについては、ヤバい〝人物〟に分類していいのか迷うところです。なぜなら、**「匿名」を意味する英語「anonymous」から名付けられた彼らは、ネット上を縦横無尽に行き来するハッカー集団**だからです。政府や組織のネットワークに侵入して情報を抜き取り、流出させるなどのハッキング活動をしていますが、その目的は**一部の特権階級の不正を暴くといった、自分たちなりの正義に基づいた行動なので、市民の味方との見方もされています。**

アノニマスの名を一躍世界に知らしめたのが、過激派組織「イスラム国」へのハッキングです。

2015年、フランス・パリで同時多発テロを起こしたイスラム国に対し宣戦布告したアノニマスは、戦闘員が使用しているツイッターアカウント約5500件をリーク。その後もサイバー攻撃を継続したとされています。

動画をチェック！

標的は世界のエリートたち

アノニマスは、独自の情報に基づいて、世界を牛耳《ぎゅうじ》るといわれるエリート層への攻撃も行っています。その標的になったひとりが、デイヴィッド・ロックフェラー。

9.11の同時多発テロ、各地の紛争などは、ロックフェラーをはじめとする世界のエリートたちが意図的に生み出したとして、攻撃対象に名指ししたのです。

そしてアノニマスは、エリートたちが世界の重要課題について話し合う秘密の会議「ビルダーバーグ会議」のサイトハッキングを行いました。

イルミナティの表の顔ともいわれるビルダーバーグ会議には、アメリカやヨーロッパ諸国を中心に、政治家やグローバル企業の経営者、金融機関、財団の代表、王族、貴族など100人以上が一堂に会します。日本人のメンバーは今のところ確認されていないので、日本ではあまり知られていませんが、都市伝説界では超有名な会議です。

この会議の内容は原則非公開。それが理由で、さまざまな陰謀論に登場することになるのですが、アノニマスはこの会議の内容を公開すると宣言したのです。

ごく一部のエリートたちへの権力の集中や、世界政府の企みによってコントロールされることを嫌うアノニマスは、ビルダーバーグ会議参加者に向けて**「我々はあなた方を常に監視している」**というメッセージを発しています。

しかし、この会議の情報はいまだ公開されておらず、真相は謎のままです。

We are Anonymous.
We are Legion.
We do not Forgive.
We do not Forget.
Expect Us.

英訳すると、「我々はアノニマス。大群。許さない。忘れない。待っていろ」。不気味な仮面の下の素顔は？

ヤバい秘密

アノニマスから人類への警告

人類は、ある一部のエリートたちに支配されている

家畜化される人類

アノニマスはいつ登場したのか? つかみどころのない組織なので、はっきりしたことはわかりませんが、2003年頃、ネット上に現れたのが最初だといわれています。

その後、2011年のアラブの春をサポートしたり、違法ダウンロード厳罰化に抗議したり、北朝鮮、イスラム国、K.K.Kへの抗議を行ったりと、その活動は多岐にわたります。その中でも、2017年のビルダーバーグ会議への抗議を含む、人類への警告動画は大きな話題を呼びました。その警告が以下の内容です。

「この世は人口の1%以下といわれる欲深いエリートたちがつくり上げた世の中で、それを維持するために、世界中の人たちが家畜化されている。世界人口の1%に集中した富は、既得権益を守る人たちによって引き継がれ、一部の人間しか成功をつかめないようなサイクルが築かれている。学校は学びの場ではなく、人々を洗脳する場所で、知識を詰め込むことで子どもたちの自由な発想や想像力を奪い、エリートたちに都合が良いように洗脳されている。社会に出てからも、生活のため、お金のために忙しく働き、盲目的に服従する人材を生産するのが彼らの目的だ」と人類に警告したのです。

真実から目を背《そむ》けさせる罠

また、一握りの富裕層、エリートたちはメディアなどを巧みに使って、自らの目的を達成しているといわれています。アノニマスによれば、**広く発信できるメディアであるテレビは主に3つの目的で使われている**そうです。

1つ目は、テレビの番組というつくられた世界に集中させることで、みんなの注意をそこに留《とど》めておく目的。

2つ目は、重要な出来事に目が向かないよう、意図的に嘘の情報やゴシップなどの話題を流す目的です。

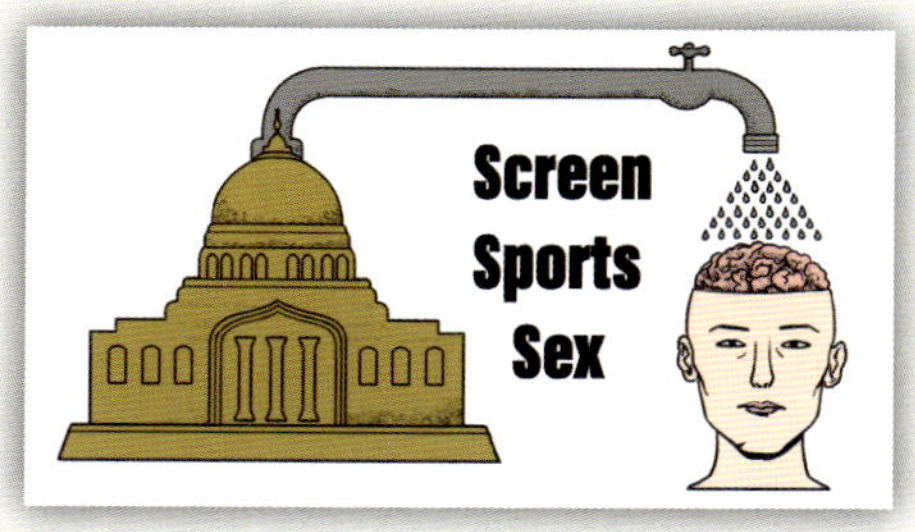

日本でも戦後、GHQ によって Screen、Sports、Sex の娯楽で思考力を退化させる 3S 政策が実施されたといわれている。テレビやネット、スマホを通じて流れてくる情報はすべて、政治や世の中の出来事に関心を向けさせないようにする政策かもしれない。

国民が関心をもちそうなゴシップやニュースのときにはもっと大きな何かが動いているというのはよくある話ですよね。

3つ目は、みなさんを扱いやすいように洗脳する目的です。美男美女のモデルを使って自分を卑下させ、それによって化粧品やアクセサリーなどの消費意欲を煽《あお》るなど、鏡の中の自分やフィクション、ゲームなどの娯楽に目を向けさせて、本当に大切なことに気がつかないように仕立て上げているというのです。

これらの3つの目的は結局、みなさんを真実から遠ざける、そこに目を向けさせないためということにつながっています。

真実から遠ざけ、一人ひとりを引き離したい。貧富の差や人種、国の違い、何でもいいので、違いを目立たせて、争わせる。ネット上でも言い争いが絶えないのはエリートの思うつぼといえるかもしれません。

Topic 3

アルバート・パイク

世界の動向を操る秘密結社の黒幕

1857年にフリーメイソン33階級の最高幹部となった人物。その後、1869年には秘密結社クー・クラックス・クラン（K. K. K）のリーダーに就任した。堕天使ルシファーと会話するためのブレスレットを着用していて、常に交信できる状態にあったという。

秘密結社の黒い教皇

弁護士にして南北戦争時の南部連合の将軍、北方人種至上主義者たちの秘密結社クー・クラックス・クラン（K．K．K）の創設に関わったといわれている謎多き人物。それがアルバート・パイクです。表の歴史では決して習わない彼がなぜ登場するのか？

パイクは**秘密結社フリーメイソンの最高幹部で、イルミナティでもあり、「黒い教皇」と呼ばれるほどの影響力をもった人物**だったからです。

パイクは、アダム・ヴァイスハウプトによって創立されたイルミナティの世界統一政府を志向する思想に感銘を受け、世界をひとつにするための計画を構想しました。

この計画書をイタリア統一に功績のあった革命家であり、フリーメイソン・イルミナティだったジュゼッペ・マッツィーニに宛てて送ったとされています。この書簡は**「パイクの予言」**として知られていて、そこには驚くべき世界の行く末が記されていたのです。

動画をチェック！

世界の行く末を暗示する3つの予言

「パイクの予言」の内容が明らかになると、その内容があまりに物騒だったため、大きな話題になりました。

当時まだ起きていなかった第一次世界大戦、第二次世界大戦、そして第三次世界大戦について記されていたその予言は、フリーメイソンやイルミナティ、世界統一政府が目指す理想のために必要な計画書だったといわれているのです。

内容を見ていくと、1つ目の大戦は、ロシアの権力を阻止するために行う。英・独を敵対させることで戦争の引き金を引き、戦後は、共産主義を利用してほかの政府や宗教を弱める。

2つ目の大戦ではファシストとシオニストの対立を利用し、ナチスを完璧に打倒する。パレスチナにイスラエルの主権国家をつくり上げる力をシオニストに与える。

3つ目の大戦は、シオニストとアラブを対立させ、世界を巻き込んだ最終戦争を起こす。

これらは予言書のような文体で書かれていますが、これらすべてが、フリーメイソンやイルミナティによってあらかじめ決められた計画だったとしたら恐ろしいことですよね。

この手紙が実在するかどうかについては議論の余地があり、大英博物館に保管されているという説もあれば、博物館側は否定しているという説もあります。また、文中に「ファシズム」や「ナチス」などまだ存在していない言葉が使われていたため、ねつ造だという説もあります。

しかしパイクは、**「予言は当たるのではなく、当てるもの」**という言葉を残しています。新たな言葉をつくって混乱を誘導することが、黒い教皇の壮大な計画に組み込まれていたとしても不思議ではありませんよね。

Topic
4
宇宙と交信できる能力をもつ予言者

エドガー・ケイシー

不思議な予言能力はなぜ開花した？

エドガー・ケイシーは、自らが催眠状態にあるときに人々の問いかけに答え、さまざまな予言や助言をした人物です。啓示などによって他者の深層心理や過去の経験を読み取ることを「リーディング」といいますが、ケイシーはリーディングで対象者の臓器や血管の状態を読み取ったり、病気の治療法を示したりしたといわれています。

生涯を通じて約１４０００件のリーディングを行ったとされるケイシー。**彼の予言の中には、１９２９年の世界大恐慌、１９３９年の第二次世界大戦の始まり、１９６３年のケネディの暗殺など、数々の歴史的な出来事も含まれています。**

ケイシーはなぜこのような不思議な能力をもつに至ったのか？ ケイシーは保険のセールスマンをしていたとき、突然声が出なくなりました。その治療のために受けた催眠療法が、幼少期から不思議な力をもっていた彼の潜在能力を引き出したようなのです。

1877年、アメリカのケンタッキー州に生まれた。幼少期はどちらかという落ちこぼれ。成績も優秀とは言い難かったようだが、「本を枕にして寝ると、その内容がすべて記憶できた」などの不思議な能力があったという。

動画をチェック！

医療だけでなくお金にも利用された予言能力

ケイシーが催眠療法を受けたのは、1901年のことでした。アル・レインという整骨医が、声が出なくなった理由を聞こうと当時流行していた催眠療法を施します。

催眠療法が流行っていて、しかも整骨医が診断するっていろいろ不思議ですけど、とにかくこれがその後のケイシーの人生の大きな転機になります。

催眠状態になったケイシーは、**「この肉体の持ち主の声が出なくなった理由は、心理的な状態が影響している。この症状は、暗示によって患部への血液循環を増大させることで取り去ることができる」と、自らの症状の原因と治療法を答えた**そうです。

結局ケイシーはその場で声を取り戻しますが、催眠中の記憶は一切ありませんでした。

ケイシーに興味をもったアル・レインは、今度は自分の体について質問します。ここでケイシーは、レインの胃の症状や治療法を正確に言い当てたというんですね。

この能力を使わない手はないと思ったのか、レインはケイシーの能力を利用した病院を開設します。その後、医療知識はまったくないにもかかわらず、専門用語を駆使するケイシーの診断は徐々に評判になっていきます。

そして、**ケイシーの評判が高くなるにつれて、医療以外の質問をしてみたいという人たちが現れます。なんとケイシーの予言は、政治や経済の先行き、株価についても有効だった**のです。

人助けになる医療関係の診断だけでなく、利害の絡むお金についてのリーディングも求められるようになったケイシーは、その頃から謎の頭痛に悩まされるようになったそうです。

ヤバい

秘密

なぜ数々の予言を的中させることができたのか？

宇宙にある高次元の空間にアクセスしていた!?

自分で知り得たとは思えない予言の数々

世界大恐慌を4年前に予知し、第二次世界大戦の経緯を正確に言い当てたケイシー。

これから起きるとされる未来の予言もまだまだ残っています。中でも気になるのは、「地球の軸が変わる」という大きな予言です。

彼が見た大災害のビジョンでは、アメリカの東海岸が海にのみ込まれ、日本列島も海の中に消えてしまうというのです。

地球の軸が変わり、火山・地震活動が活発化するという予言は、僕たちにとっても他人ごとではありませんよね。

ところでケイシーはどうやってリーディングを行っていたのでしょう？

あるとき、アーサー・ラマーズという人がケイシーに不思議な質問をします。

「魂とはなんですか？」

「人間の魂とは、輪《りん》廻《ね》転《てん》生《しょう》、生まれ変わり続ける存在である」

キリスト教徒だったケイシーに輪廻転生の概念はないのに、こう答えたといいます。

このことからケイシーは予言の際、自分の知識や経験とはまったく別の場所から情報を得ていたと考えられます。

宇宙にある高次元の空間とは？

ケイシーは、自分が催眠状態で予言をしているときに**「アカシックレコード」**という言葉を使っていることに気づきます。**そこから人類の歴史や未来を取り出し、読んでいる感覚だと。**

また、この能力は、自分だけのものではないという感覚も常にあったようです。

宇宙のあらゆる情報が集められているといわれる、アカシックレコードについては、ケイシー以外にも多くの人が言及しています。

アカシックレコードとは、宇宙の起源から未来に至るまでのすべての記録が保存されているとされる図書館のような場所。宇宙のどこかに物理的に存在するという説もあるし、別次元に存在するので、僕たちのいる次元では実体をもたないとする説もある。

果たして本当にケイシーは、高次元にあるといわれているアカシックレコードにアクセスすることで情報を得ていたのでしょうか？　もしアクセスしていたなら、どうやってアクセスするのか気になりますよね。この点については、あとで詳しく説明します（P.108参照）。

ちなみに、ケイシーの予言で有名なものに、**消滅した大陸として有名な「アトランティス」についてのリーディング**があります。

アトランティスには、宇宙やエネルギーについて深く理解していた人々が住み、UFOのような飛行物体で移動するほど高度な文明をもっていたといいます。しかし、進んだ文明が自然に反しているとされ、天災によって消滅してしまったと……。

ケイシーは、1968年にアトランティスの一部が見つかると予言しましたが、こちらはいまのところ確認されていません。

Topic 5

レオナルド・ダ・ヴィンチ

あらゆる学問や芸術を極めた全能の天才

レオナルド・ダ・ヴィンチは1452年に生まれた芸術家であり発明家。数学や物理、解剖学、地質学、天文学などあらゆる分野に傑出《けっしゅつ》した才能を発揮した「万能の天才」。ちなみに日本では「ダ＝Dの意志」の文脈で取り上げられることもあるが、その名前は、「ヴィンチ村〝の（＝ダ）〟レオナルド」という意味。

絵だけなく多分野で功績を残した天才

ダ・ヴィンチといえば、『モナ・リザ』などを描いた画家として有名ですよね。でも、建築や数学、幾何学《きかがく》、解剖学などなど、他分野でも後世に残る功績を残しているんです。

歴史上の人物は実績が盛られて語られる場合も多いのですが、設計図レベルとはいえ、ヘリコプターや戦車、太陽エネルギー理論のモデルまで書き残しているので、彼に関しては**正真正銘、本物の天才**と言わざるを得ません。

ダ・ヴィンチもまた、ヤバい逸話《いつわ》に彩られた人物です。中でもすごいのが、彼が残した手書きのメモはほとんどが、上下はそのままで左右を反転させた「鏡文字」で書かれていたという事実です。秘密の情報を隠すためにあえてそうしていたという説もありますが、鏡を使えば簡単に解読できてしまうので、単に書きやすかったという説もあるかなと思っています。

いずれにしても、常人には理解できない感性をおもちだったのは間違いないでしょう。

モナ・リザに隠された謎の暗号

世界でもっとも有名な美術作品といわれているのがダ・ヴィンチ作の**『モナ・リザ』**です。このモナ・リザについてはみなさんもある程度の知識をもっているでしょう。

実はモナ・リザには、ある暗号が隠されているといわれています。

2010年、**「モナ・リザの瞳の中の文字」**について、イタリア文化遺産協会長のヴィンチェンティ氏が〝ある発表〟を行いました。

モナ・リザの右目には、ダ・ヴィンチの名前の頭文字を示す、「L」と「V」のアルファベットが隠されているという。肉眼では見つけることができず、虫眼鏡を使ってやっと見つけられるため、かなり難読だ。

モナ・リザを超高解像度カメラで撮影したところ、**モナ・リザの右目に「L」と「V」、左目に「CE」もしくは「S」か「B」と見える文字が描かれている**というのです。右目の「L」と「V」はLeonardo da Vinciの略として読み取れますが、左目の文字が何を意味するのかは謎のまま。

また、絵の背景に当たる部分にも、「72」の数字、もしくは「L」「S」と読める文字が描かれていると発表されていて、こちらの謎も議論を呼んでいます。

ほかにも**「モナ・リザのキャンバスの下の層には3人の顔がある」「妊娠中の女性が使うヴェールをまとっている」**など、そのモデルが誰かを含め、多くの謎に包まれています。

現在はフランスの国有財産として、パリのルーヴル美術館に保管されているモナ・リザは、いまも謎めいた微笑《ほほえ》みを投げかけています。

ヤバい秘密

人体解剖学を学び、神秘の法則を発見 人体には隠された黄金比が存在する

人体の動きを正確に再現したダ・ヴィンチの作品の秘密

ダ・ヴィンチは、**人体の「魂のありか」の解明に執着していた**ようです。師匠の画家、デル・ヴェロッキオの勧《すす》めで人体解剖学を学ぶようになったダ・ヴィンチは、フィレンツェの病院で何度も遺体解剖に立ち会っています。ダ・ヴィンチの作品が人体の動きを正確に再現しているのは、解剖に立ち会えたおかげでしょう。

人体の内部構造を目で見て、ときには触って自らの知識、経験としてきたダ・ヴィンチは、**「人体の機能は宇宙の動きと関連している」**という仮説に辿《たど》り着きます。

古代ローマの建築家、ウィトルウィウスの建築論の記述をもとに描かれた**『ウィトルウィウス的人体図』**は、ダ・ヴィンチとセットで語られることも多い有名なドローイングです。

彼が残した13000ページに及ぶ手描きのメモの中でもっとも有名なこの図は、**物質的な存在を象徴する正方形部分と、精神的な存在を象徴する円の部分に分けられているとされています。**腕と足が4本ずつ描かれているのは、肉体と魂の融合を表しているそうです。

全能の天才、ダ・ヴィンチは人体の中に何を見たのでしょうか?

黄金比 ファイ(ϕ)

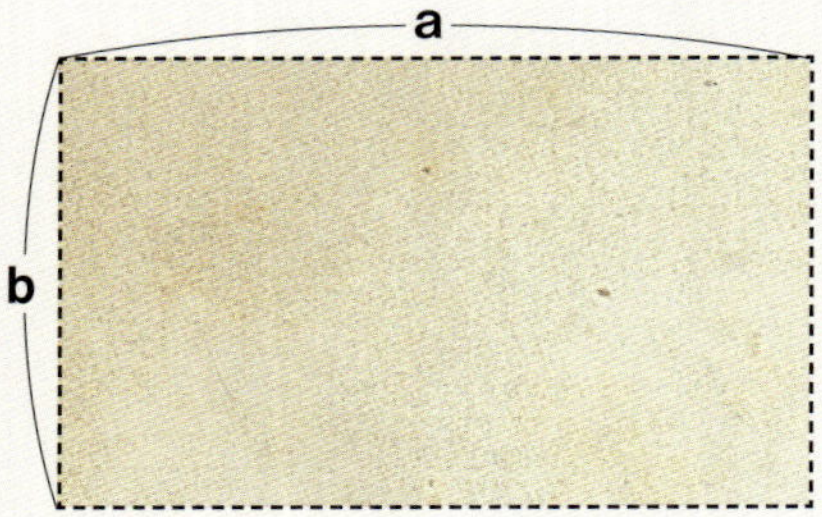

$a \div b = \phi = 1.618...$

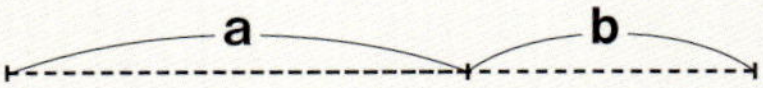

$a \div b = \phi = 1.618...$

人間がもっとも美しいと感じるデザインの比率とされているのが「黄金比」です。この黄金比はピラミッドなどの人工物だけではなく、自然界にも数多く存在しています。

比率は上の図のように、四角形や線を分割する際のａ ÷ ｂ のことで、その値はどちらもファイ(ϕ)＝1.618... になります。ダ・ヴィンチは、この「黄金比＝ファイ比率」という神秘の法則に気がついていたというのです。

その証拠に『ウィトルウィウス的人体図』の中にも黄金比が見られます。円の中心のおへその位置は、頭のてっぺんから足の裏までの間のファイの比率点にあるそうです。

また、実際の人体にも黄金比は数多く隠されています。たとえば、指の関節の長さはどれも次の関節の長さに対してファイ比率になる。手のひらの長さとひじから手首までの前腕骨の長さを比べるとこれもファイ比率になっているなど、ファイ比率は人体の中に何千箇所もあるとされています。気になる人はぜひ測ってみてください。

人体に隠されたファイ(ϕ)

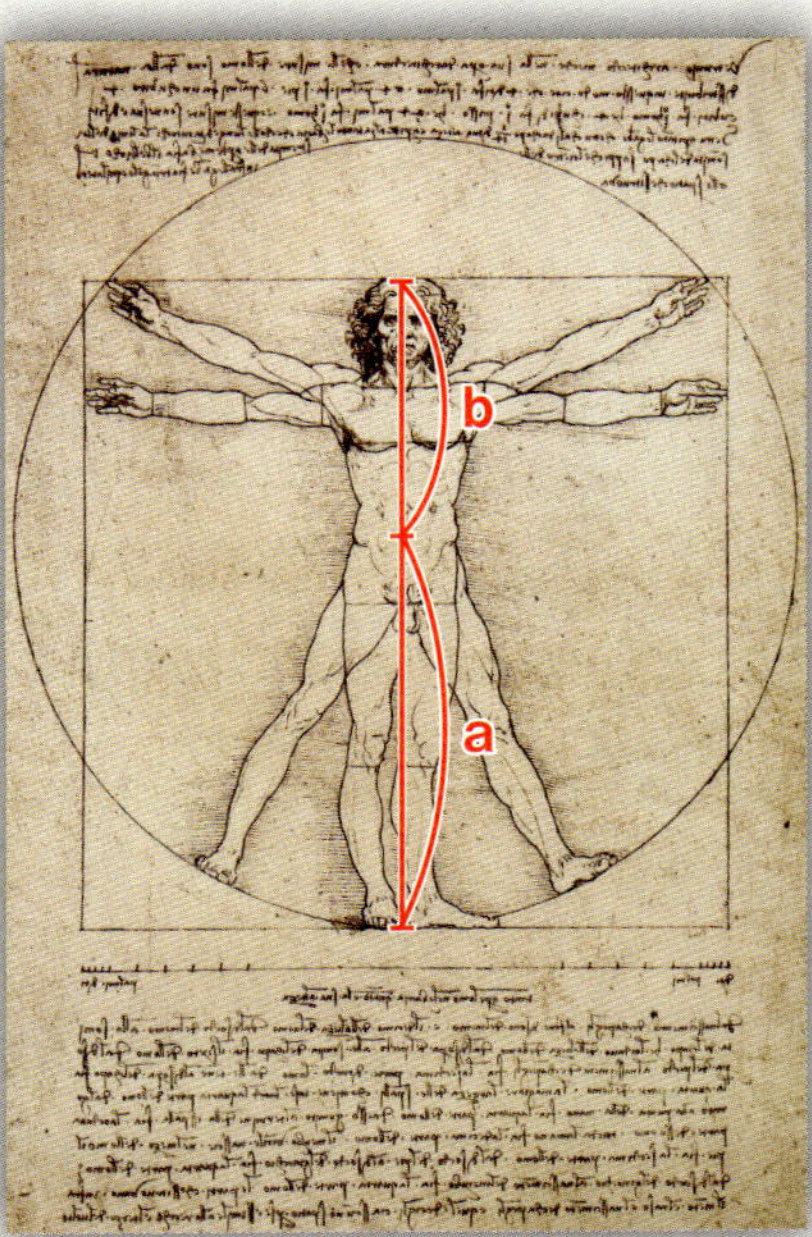

ウィトルウィウス的人体図

Chapter 2

まとめ

みんなが得ている情報は誰かによって操作されたものかもしれません

学校で習う過去の偉人たちももちろんすごいですが、都市伝説界のヤバい偉人たちもなかなか面白いですよね。みなさん学校では発明王、トーマス・エジソンのことばかり学んだと思いますが、ニコラ・テスラのほうが純粋に発明家としてすごくないですか？

テスラの交流陣営が勝利した電流戦争などでもわかる通り、**技術力はテスラのほうが優れていても、ビジネスマンとして優秀だったエジソンの名前が歴史に残っていく。**

現代に生きる僕たちから見ても、狂気を感じるようなヤバい発明をどんどん構想し、実現しようとしたマッド・サイエンティスト、テスラは、やはりその功績が十分に認められないままこの世を去ることになります。彼の発想と発明の数々は時代に合わず「早すぎた」んですかね。

でも、テスラが現代に生きていたとしても「誰もが自由にエネルギーを使える」フリーエネルギーや無線技術は、何者かによって圧力をかけられ、排除されている気もします。その点は当時もいまも

変わらないのかもしれません。

こうした大きな力に対して、現代的な力で対抗している組織がアノニマスですよね。情報社会となった現代では、隠していた悪事や都合の悪い真実は、その気になって暴けば必ず白日の下にさらされます。アノニマスのような組織が存在することで、現代はすでに嘘のつけない時代へと変化しつつあります。アノニマスの行為はときに違法なハッキングを含んでいます。彼らの過激な行いを正当化するわけではありませんが、市民に向けた「目を覚ませ、権力者たちに立ち向かえ」というメッセージの真の意味は、受け取る必要があるかもしれません。

秘密組織の存在を認めるか認めないかは自由ですが、**〝黒い教皇〟アルバート・パイクが実在の人物で、イルミナティやフリーメイソンが実在する組織だということは紛れもない事実**です。パイクがマッツィーニに宛てた手紙の実在とその解釈には議論の余地があるところですが、彼がフリーメイソンの最高幹部であったこと、K.K.Kに関与していたことは間違いありません。

都市伝説がただのデマや虚構に終わらない理由。それは、**テスラをはじめとするヤバい人物たちの生い立ちや歴史と、エドガー・ケイシーのようなスピリチュアルな世界の人たちが語る〝真実〟が、奇妙な一致を見せる**ことでしょう。そして現代では、ケイシーのように高次元と交信できる人々はどんどん増えていっているといわれています。今後彼らが、真実を暴こうとするアノニマスのような組織と結びついたとき、一体何が明らかになるのでしょうか？

すべての生物の源！

フラワーオブライフの秘密

の秘められた

人類最大の秘密……

第3の目の真相！

宇宙の法則から導き出された
黄金螺旋とは？

Chapter 3

ヤバい世界仕組み

この世には、目に見えない
第五元素が存在する!?

Topic
1

松《しょう》果《か》体《たい》

人間の秘められた能力を引き出す第3の目

動画をチェック!

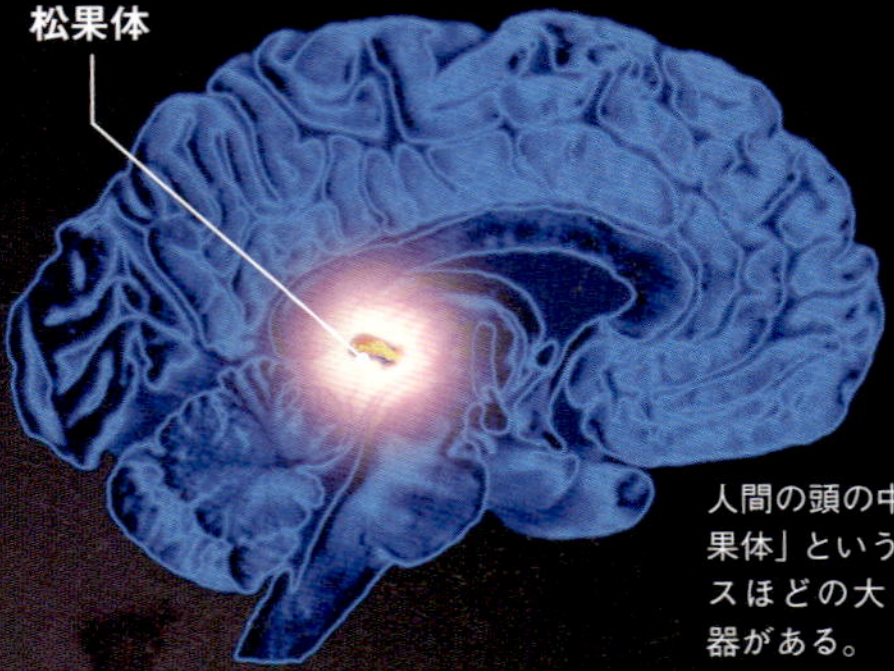

人間の頭の中心部には「松果体」というグリーンピースほどの大きさの内分泌器がある。

睡眠と幸せを司《つかさど》る松果体

人間は、本来もっている能力の数%しか発揮できていない。この話はよく聞きますよね。実際人体にはまだまだ謎が多くて、とくに脳の働きはわからないことだらけなんです。その中でも、**脳の中心にある「松果体」は不思議に満ちた器官**です。

現在、医学的に解明されている松果体の基本機能は、**睡眠に必要な「メラトニン」、幸せホルモンと呼ばれる「セロトニン」を分泌《ぶんぴつ》すること**です。

現代人は、睡眠障害や気分障害に悩まされている人が多いですよね。メラトニンは暗くなると分泌され、セロトニンは太陽の光を浴びると生成されます。

睡眠と幸せ、この2つを司る内分泌液を分泌する松果体。めちゃくちゃ大事な器官だと思いませんか?

松果体のモチーフは〝松ぼっくり〟

実はこの松果体、**人間の秘められた能力を引き出す「第3の目」**ではないかといわれているんです。それについてはのちほど詳しく説明しますが、フランスの哲学者、ルネ・デカルトは松果体を**肉体と精神が相互に作用する「魂のありか」**だとも言っています。

都市伝説的には、松果体の形に注目すると興味が高まるはずです。松果体はその名前からもわかる通り、松ぼっくりに形が似ているんです。

この松ぼっくり、世界中のあらゆる時代の文明に見られる象徴的なモチーフなんです。

写真を見れば一目瞭然ですが、かのアヌンナキから、バチカン市国、ローマ法王の杖にまで松ぼっくりは登場しています。キリスト教世界だけでなく、ヒンドゥー教、エジプト神話、ギリシャ神話、世界中の古代文明にも松ぼっくりがモチーフとして姿を現します。

各神話の共通点のところで、交流がなかったはずの古代文明間の奇妙な一致の話をしましたが、中でも松ぼっくりは人類の謎を紐解く、何か重要な鍵を握っているのかもしれません。

アヌンナキの手元

バチカン市国

ローマ法王の杖

インド神話・オシリスの杖

ヤバい

秘密

都市伝説でおなじみの「ピラミッドに目のマーク」

フリーメイソンの目は松果体を表している

プロビデンスの目の正体

プロローグでもお話ししましたが、「プロビデンスの目」は結構メジャーになりましたよね。**みんな大好きフリーメイソンやイルミナティの象徴として度々姿を現す、ピラミッドと目を組み合わせたあのマークです。**

プロビデンスの目

ホルスの目

有名歌手のジェスチャーやロゴマークのデザインでも見つけることができるこの目のモチーフは、意識し出したら数えるのがバカバカしくなるくらいたくさんあります。

これだけ頻繁《ひんぱん》に出てくると、もう偶然ではあり得ませんし、何か特別な意味があると思うのが普通ですよね。

ではプロビデンスの目とは一体、何なのか？一説では、**エジプト神話の「ホルスの目」を表している**といわれています。

ホルスについては、ゲームなどで知っている人も多いでしょう。**天空と太陽、隼《はやぶさ》の神で、エジプト神話でもっとも偉大な存在**です。

ホルスの目＝松果体!?

ホルスの右目は太陽、左目は月を象徴しています。**右目の別名は「ラーの目」、そして左が「ウジャトの目」**です。父であるオシリスの仇《かたき》を打つためにセトと戦ったホルスは、左目を失う。左目はエジプト全土を旅し、色んなものを見てくる。のちにトト神によって左目を取り戻したホルスは、全てを見通す力を手に入れた。そういう神話があります。つまり、**ホルスの左目、ウジャトの目は、万物を見通す目**なのです。

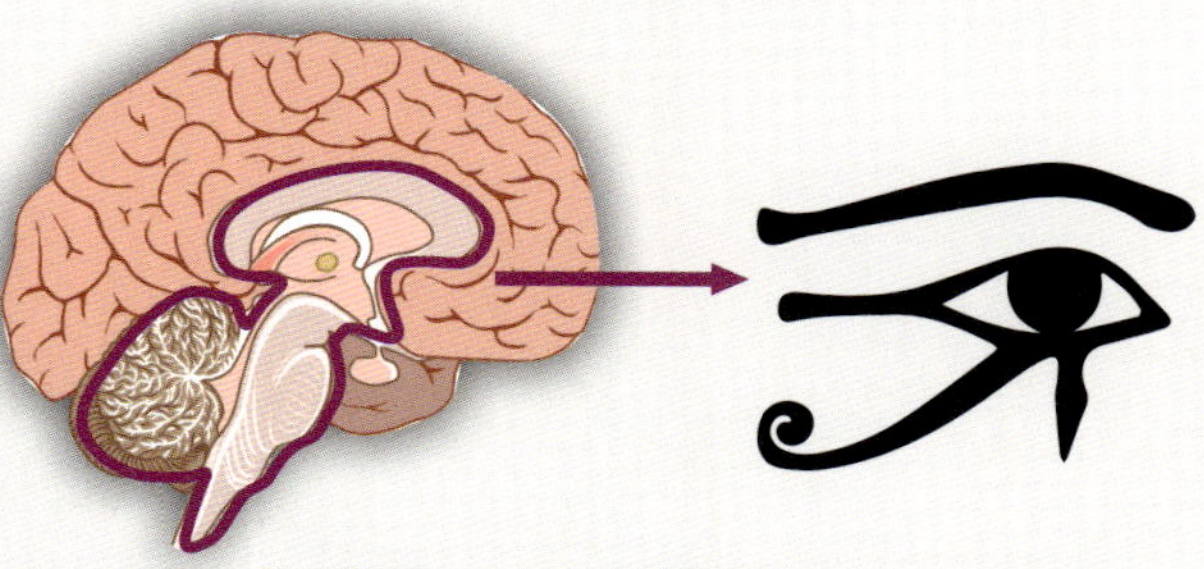

ホルスの目は、脳を断面図にしたときの松果体の形に似ていると言及する人も多い。ホルスの目こそが松果体という説だ。

アメリカの1ドル札にも見られるあの目は、私たちに対して「すべてを見通している」と警告するメッセージなのかもしれません。

プロビデンスの目とホルスの目の関係を整理したところで、話を松果体に戻しましょう。

メキシコの洞窟に生息する視覚をもたない「メキシカンテトラ」という魚が、目ではなく、松果体で光を感知していることが最近の研究で明らかになりました。

松果体の重要性が証明されるような研究結果ですが、**松果体は生物器官としてだけでなく、精神的な光、覚醒や悟りを見るための器官**という説もあります。デカルトの言葉通り、松果体は、肉体と精神の相互に作用する器官というわけです。

では、なぜ僕たちの松果体は機能していないのか？ **その秘密は、松果体が「第3の目」と呼ばれる理由に隠されています。**

ヤバい

秘密

幽体離脱や臨死体験、高次元へのトリップも可能！

松果体が機能すると超能力を得られる!?

第3の目を開眼させる幻覚成分「DMT」の秘密

ここからは松果体が「第3の目」と呼ばれる理由を説明しますね。

ジメチルトリプタミン（DMT）という自然界に発生する幻覚剤があります。DMTは宗教儀式や幽体離脱、臨死体験にも用いられる成分で、アマゾンの一部で伝統的に用いられている「アヤワスカ」という幻覚剤は、まさにこのDMTの作用を利用しています。

なにやら危険な匂いがしますが、実はこのDMT、人体にも存在していることが明らかになっています。**DMTを生成する器官が、何を隠そう松果体**です。

精神のバランスを整えるセロトニンはDMTを原料にしているといわれています。DMTを体内に取り込むことで、精神を高揚させ、いわゆる〝トリップ状態〟になり、高次元にアクセスできる……。

つまりドラッグに頼らなくても、**松果体によって高次元の世界を体験することができる可能性があるんです**。テンション上がりますよね。

実際に、ドラッグなどを使用しなくても、幽体離脱や霊視などで目に見えない存在と交流できる人々がいますよね。彼らと普通の人の違いはどこにあるのかを考えてみてください。

現代人は、松果体の機能をほとんど封印したまま生きているといわれています。松果体の本来の機能が衰えているどころか、体内で石灰化までが進んでいるんです。

原因は、一部の水道水や歯磨き粉に使われているフッ化物、食品添加物、農薬、医薬品など、現代を生きていたら避けて通るのが難しい物質の影響だといわれています。

世界中でこうした物質が使われていることを考えると、**もしかしたら人類が松果体を活用し出すと困る人たちがいて、意図的に松果体の機能を低下させているのでは？**　と疑いたくもなりますよね。もしみなさんの松果体が活性化してしまったら、エリートたちが管理する社会に違和感を抱く人が増えてしまうでしょう。そうならないために、彼らは「秘められた力」を独占しようとしているのかもしれません。

石灰化された松果体を復活させる方法

一度石灰化し、機能を失った松果体は復活できないのか？　安心してください。**実は松果体の石灰化の進行を防ぎ、元に戻す方法はたくさんあります。**具体的な方法を説明していたら、それだけで話が終わってしまうので、ものすごいざっくりと、でも一番大切なことをお伝えしましょう。それはやっぱり**「人間本来の自然な生き方をすること」**なんですね。

何か特別なことをするのではなく、**毒ともいえる化学的な物質、松果体に影響を与えるものを摂らないようにする。水や食べ物に注意を払い、昼に太陽の光を浴び、夜はしっかり眠る。**

現代社会では、普通の生活をするのが一番難しいという説もありますが、人間本来の生活を取り戻すことが重要です。

Topic
2

フラワーオブライフ

あらゆる物質の成り立ちを示す宇宙の法則

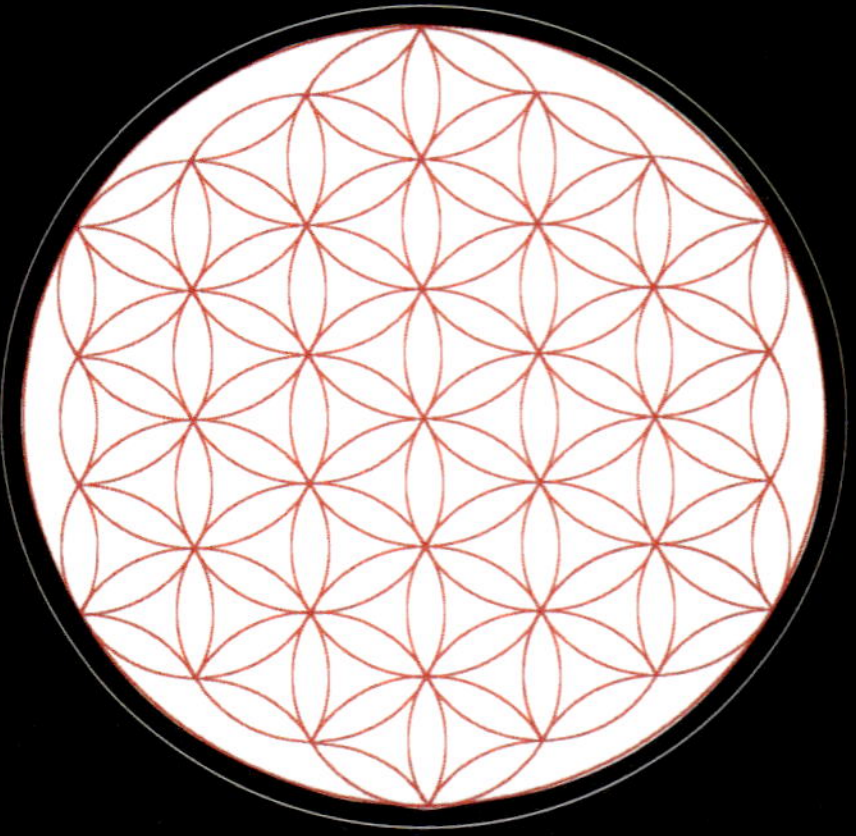

みなさんはこの幾《き》何《か》学《がく》模様を見て、どんなことを感じただろうか？　均整のとれた美しさや調和、デザイン的な美しさの中に、何か神秘的な魅力を感じた人は、いい感性をもっているといえる。この「フラワーオブライフ」と呼ばれる幾何学模様は、人類誕生から現在に至るまであらゆる場面に姿を現してきた。

動画をチェック！

フラワーオブライフは何を意味するのか？

この世界には何らかの法則があって、人類も、もしかしたら地球自体、その法則にのっとって動いているのでしょうか？

まぁ都市伝説や陰謀論じゃなくても、**土に種をまいたら芽が出て、花が咲いたり実がついたりする自然のサイクルだって、何かしらの法則にしたがっている**わけです。みなさんがこの世に生を受け、いまここに存在しているのも同じことですよね。

世の中にあるすべての物質、感情や意識はすべて同じ法則の中にある。それを示したのが「フラワーオブライフ」です。

このフラワーオブライフは、先ほど例にあげた自然界の法則、植物の芽吹きから成長までの過程を意味しているといわれています。

なんとなく神秘的に感じられる理由がわかりましたか？

世界中に存在するフラワーオブライフ

松ぼっくりなど、ほかの暗示的なモチーフと同じように、**フラワーオブライフもその存在が世界中の歴史的建造物で確認されています。**スコットランド、イスラエル、中国、トルコ、エジプト、インド、ドイツ、ブルガリア、スウェーデン、フランス、チェコ、ギリシャなど。あえて、意味なく並べてみましたが、**国も、時代も、文化圏もバラバラなはずなのに、フラワーオブライフに類する幾何学模様は世界中に残されているんです。**日本の神社や寺院などの狛犬《こまいぬ》の足元にある球状の物体の模様が、フラワーオブライフではないかといわれています。

また、ヤバい人物たちで紹介した**天才、レオナルド・ダ・ヴィンチもこのフラワーオブライフを研究していた**そうです。ダ・ヴィンチのドローイングにもその痕跡《こんせき》が残されていて、彼がこの法則を理解し、それを発明に応用したことで、数々の常識離れした構想が詳細な設計図にまで落としこまれたという説もあります。

恐るべし、ダ・ヴィンチ、恐るべし、フラワーオブライフですよね。

トルコのエフェソス

日本にある狛犬の足元

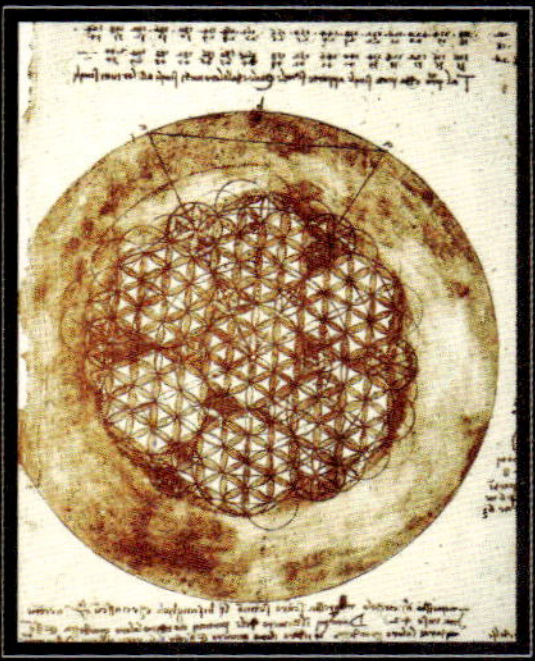

レオナルド・ダ・ヴィンチの手記

ヤバい

秘密

種から実までの過程を表現した神聖幾何学

生命の誕生を表す奇跡的なサイクル

種から実までの流れを表す5段階の発展形

フラワーオブライフには、種から実までの流れで、5段階の発展形があります。**シードオブライフ、エッグオブライフ、ツリーオブライフ、フラワーオブライフ、フルーツオブライフ**です。

ユダヤ教のヘブライ語聖書、キリスト教の旧約聖書では、「神が6日間かけてこの世界を創り、7日目に休んだ」という記述があります。**シードオブライフが表す7つの円は、神の7日間の象徴**だといわれています。

エッグオブライフの構造は、胚《はい》分裂の構造と同じといわれています。**ツリーオブライフには生命の木、フラワーオブライフには花が、幾何学模様の中に浮かび上がります。**そして、最終形態の**フルーツオブライフは、原子や分子構造などを象徴するもの**だとされています。

種子から始まって卵、木、花、そして実がなる生命誕生のプロセス。自然界に存在する当たり前のサイクルは、同時に奇跡的なサイクルでもあります。その奇跡が、この幾何学模様の中に集約されているのです。

でも、この説明だけではよくわからないですよね。次のページを読んでいただければ、もう少し流れがイメージしやすいと思います。

種から実までの流れ

❶シードオブライフ

ヴェシカパイシス

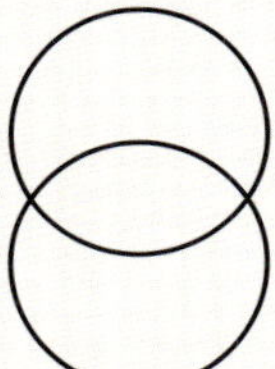

すべてのはじまりは、物質どころか光すらない虚無の世界。そこに我々が神と呼ぶ存在があり、神が自分の周りに意識をつくったときに世界が生まれました。神は、円をひとつ描き終わると、もうひとつ円を描きました。その円が交わってできた形を「ヴェシカパイシス」と呼びます。

偶然?

❷エッグオブライフ

細胞分裂の形

初期のキリストのシンボルマーク

❸ツリーオブライフ

＝

ツリーオブライフは、ユダヤ教のカバラにおける「セフィロトの樹」だとされています。しかしルーツは、ユダヤ教成立よりも古いそうです。生命の木は、他の惑星との交信、または物理的な行き来を可能にする鍵ともいわれています。

❹フラワーオブライフ

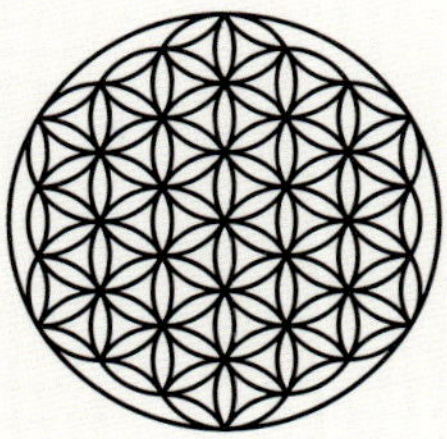

❺フルーツオブライフ

世界各地に現存するフラワーオブライフは、いずれも19の円で成り立っています。しかしこの円では、世界の秘密は説明できません。意図的に加えられた制限を解除し、拡張すると、最終形態フルーツオブライフが浮かび上がります。

ヤバい

秘密

目に見えない第五元素・エーテル

世界は火・空気・水・土以外にも元素が存在する!?

フルーツオブライフの発展形がある

最終形態フルーツオブライフの中には、さらに**「メタトロンキューブ」**が隠されています。

このメタトロンキューブとは、**図のような正多面体を含む幾何学体のことで、邪悪なものから身を守ってくれるバリアの役割もある**とされています。そういえば仏教における結界にも似ていますよね。

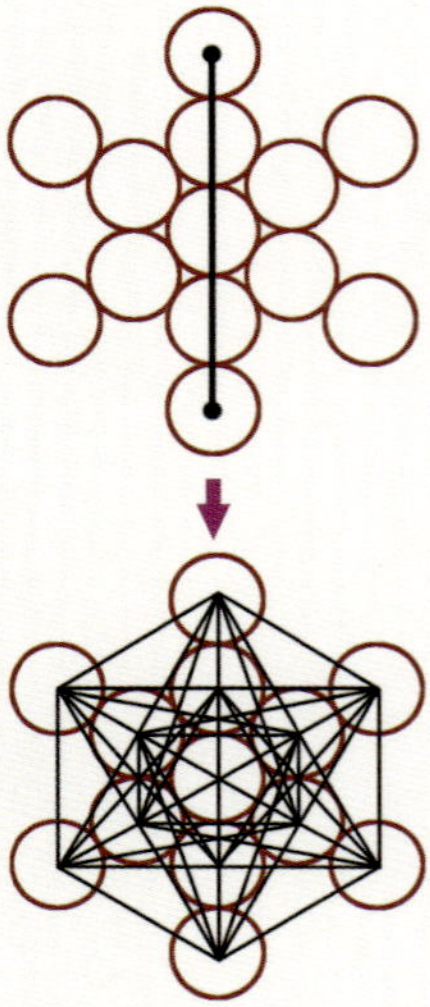

フルーツオブライフの中心に直線を引き、円をすべてつなぐと13通りのパターンが浮かび上がる。これがメタトロンキューブ。

また、メタトロンキューブには「すべての面が合同な正多角形」「すべての辺の長さが等しい」「すべての内角が同じ角度」「円の中に入れたらすべての角が円に触れる」という条件を満たした**「プラトン立体」と呼ばれる正多面体が5つ隠されています。**この世に存在するプラトン立体は全部で5つ。フルーツオブライフから導き出された**メタトロンキューブには、すべてのプラトン立体が含まれている**ことになります。

このプラトン立体が何を表しているのかについては、次のページで説明しますね。

メタトロンキューブの中にある5つの元素

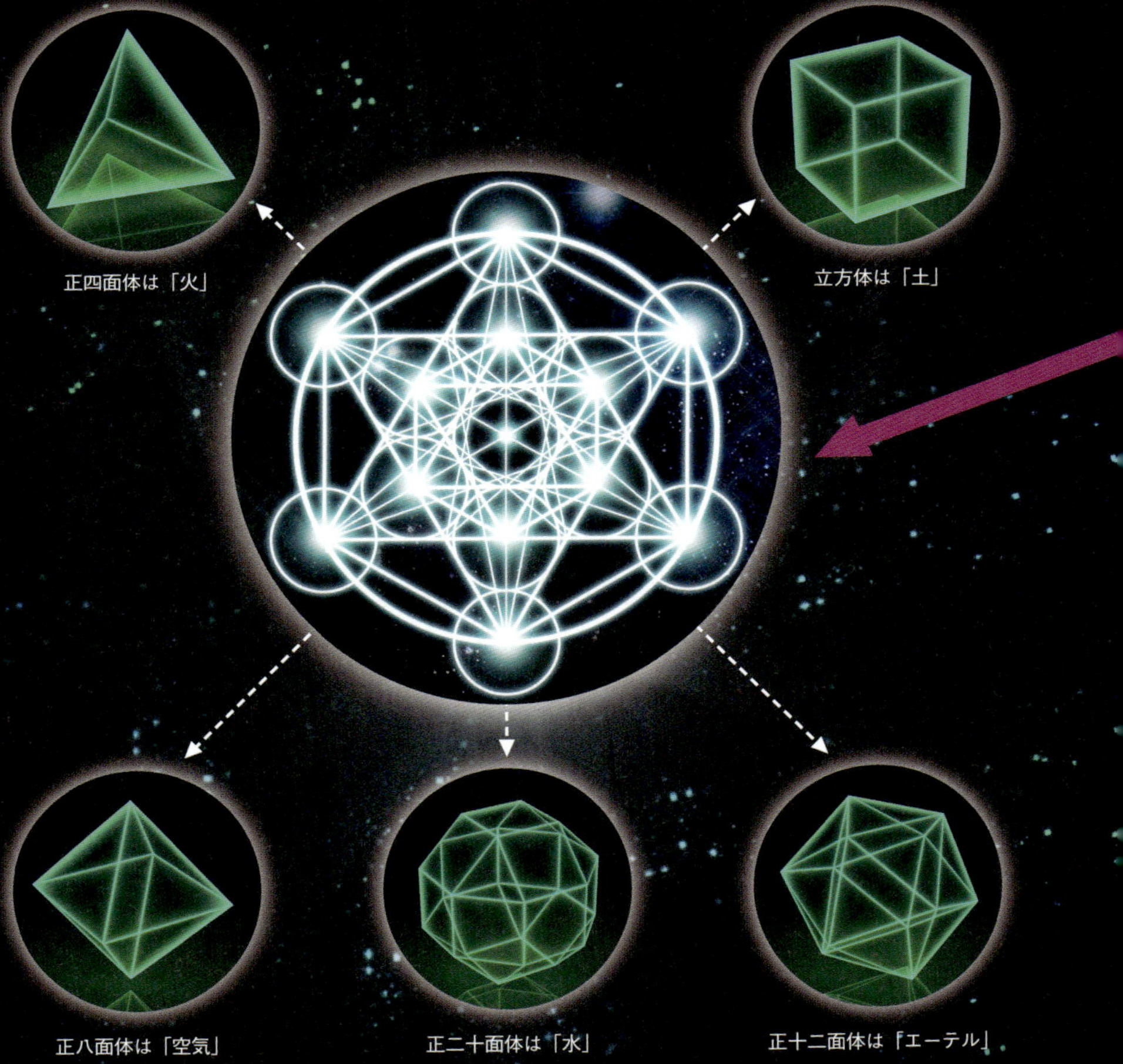

世界のあらゆる物質は、「火」「空気」「水」「土」の４つで構成されているというのが、古代ギリシャから伝わる考え方です。しかし、「エーテル」という、目に見えない第五の元素が存在しているのです。エーテルは、宇宙を構成するエネルギーのひとつで、光や電磁波を伝える「オーラ」のようなものといえばわかりやすいかもしれません。古代ギリシャでは、「口にすると命を狙われる」といわれるほどの機密事項だったといいます。このようにプラトン立体は、エーテルを含む五大元素を表しているんです。

Topic 3

フィボナッチ数列

自然物に広く適応される黄金比がある⁉

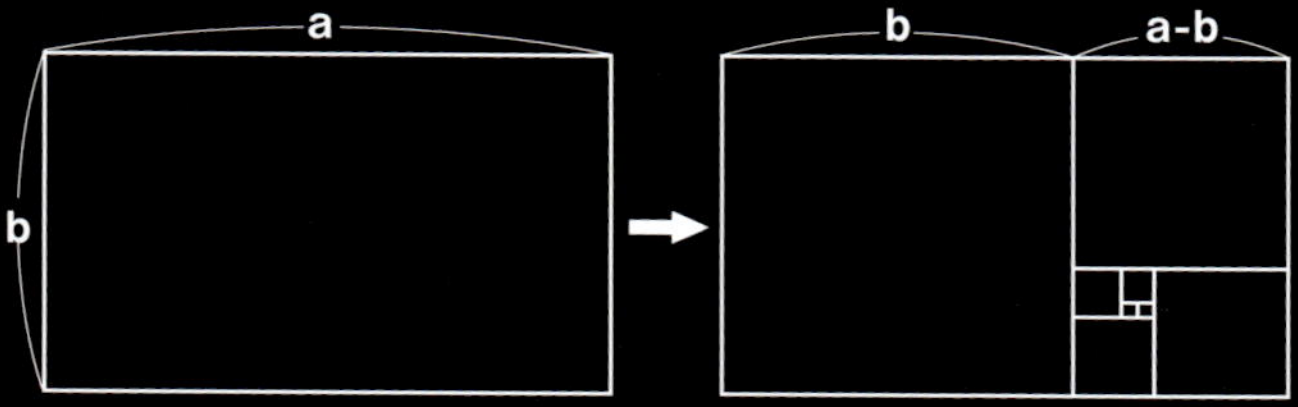

$a \div b = \phi$　　　$b \div (a-b) = \phi$

上の図は「黄金長方形」と呼ばれる図形。辺の比がすべて黄金比になっていて、黄金長方形から正方形を取り除くと、残った長方形は必ず黄金長方形の比率になる。正方形を取り除くことでできる黄金長方形のループが永遠に続く。

黄金比ファイ(φ)の秘密

ヤバい天才、レオナルド・ダ・ヴィンチのところでお話しした、自然界にもともと存在する不思議な比率、黄金比・ファイ（φ）を覚えているでしょうか。**ひまわりや貝殻、果物の種などに現れる、自然が「そうあるべき」とデザインしたかのような黄金比**は、神の創作による賜物《たまもの》なのでしょうか？

この黄金比は古代から人類にも知られていたようです。ピラミッドのような古代文明の建造物、名作と呼ばれるような絵画などの構図を調べると、さまざまな場所に黄金比が顔を出すのです。

自然界から発見され、その理《ことわり》を知る人の間で脈々と引き継がれてきた黄金比・ファイは、長方形の縦と横の比率が1・618になる割合で構成されています。等分ではなく1・618という中途半端な数字が想像力をかき立てますよね。

植物の花びらや種は決まった数になっている

黄金比と同じように、葉や種の数、花びらの枚数には、自然の法則が秘められています。

ある種の植物の花びらは、3枚、5枚、8枚、13枚、21枚と、決められた法則に従って増えています。果物の種やひまわりの種もこの法則にしたがって、整然と並んで生えてくるんです。

これはイタリアの数学者レオナルド・フィボナッチが発見した、自然が数学を利用している例です。そのフィボナッチの名をとって**「フィボナッチ数列」と呼ばれているのが、左の表にある数字の関係性**です。

先ほどの黄金長方形は、フィボナッチ数列で説明することができます。**長方形から正方形を取り除くループには、オウムガイの殻やひまわりの種の配列などと同じ、黄金螺旋《らせん》が現れます。**

φ＝1.6180339…

黄金比（フィボナッチ数列）

次の数	前の数	割り算	比率
1	1	1÷1	1.0
2	1	2÷1	2.0
3	2	3÷2	1.5
5	3	5÷3	1.667
8	5	8÷5	1.600
13	8	13÷8	1.625
21	13	21÷13	1.615
34	21	34÷21	1.619
55	34	55÷34	1.618
89	55	89÷55	1.618
144	89	144÷89	1.618
233	144	233÷144	1.618

フィボナッチ数列では、数字が大きくなるにつれて、となり合う数の比率が黄金比ファイに近づく。表は、フィボナッチの各数を前の数字で割ったもの。これが1.618付近を行き来するのは一体何を意味しているのか？

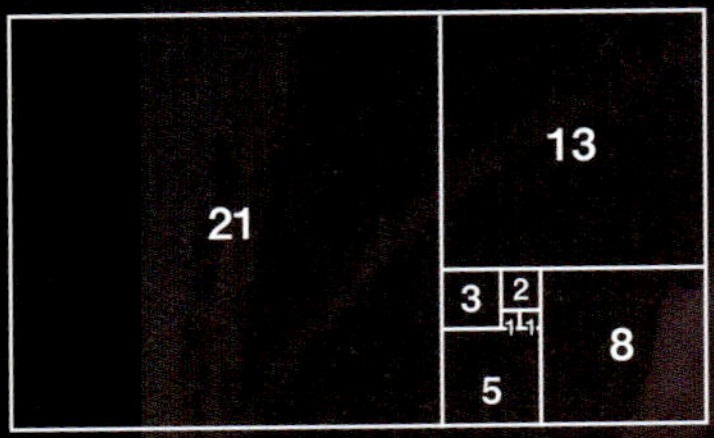

黄金螺旋

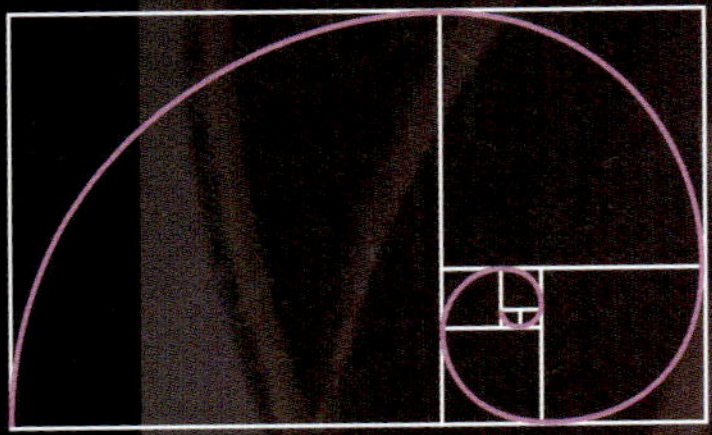

ヤバい

秘密

子孫を残す確率を高めるための機能的な構造

自然の中に見られる黄金螺旋《らせん》

なぜ螺旋の形なのか？

有名なマンガ作品の中にも登場する**「黄金螺旋」は、自然が生み出した究極の美**といえるかもしれません。

ひまわりの種を例にとって考えてみましょう。

意識して見たことがある人は少ないかもしれませんが、**ひまわりの種は螺旋状に並んでいます。**こうして見ると、芸術的な並び方ですよね。**実はこの並び方、円の中に一番多く種を敷き詰められる合理的な並び**なんです。種が多ければ子孫を残す確率も高くなりますよね。**ひまわりに隠された黄金螺旋は、種の保存のためにもっとも理《り》に適《かな》った方法**だったのです。この黄金螺旋はひまわりの種に限ったことではなく、オウムガイの殻や建造物、芸術品にも見られます。

このような種の保存に最適な、もっとも効率のいいデザインを直感的に美しいと思うのは、人類の本能にも黄金比、黄金螺旋などの宇宙の法則が刻まれている証拠かもしれません。

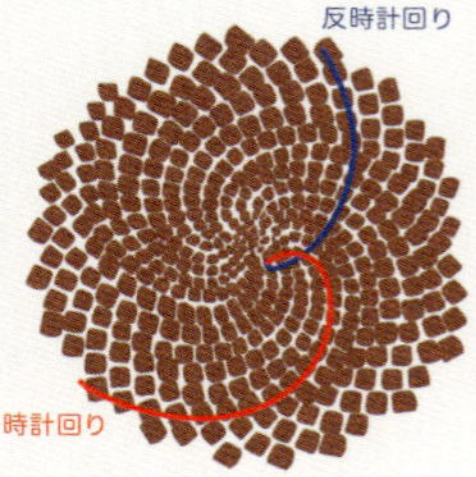

ひまわりの種は、ひまわりの中心から時計回り、外周から反時計回りで螺旋を描くように並ぶ。

松ぼっくりとフィボナッチ数

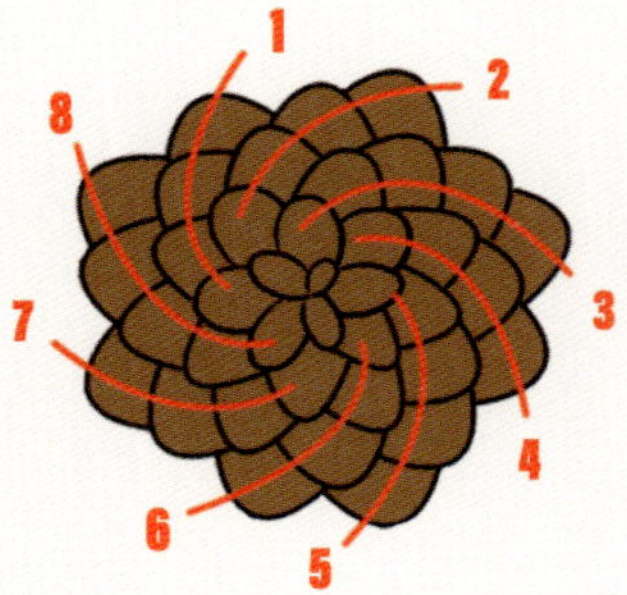

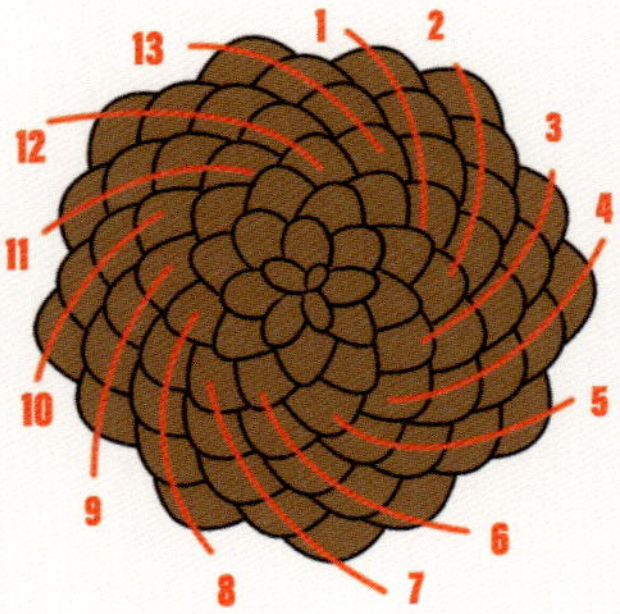

驚くべきことに、“あの”松ぼっくりにもフィボナッチ数がかかわっています。笠の数も、時計回りが 8 本、反時計回りが 13 本、時計回りが 21 本、反時計回りが 34 本、時計回りが 34 本、反時計回りが 55 本、時計回りが 55 本、反時計回りが 89 本というようにフィボナッチ数と一致します。

その他に見られる黄金比と黄金螺旋

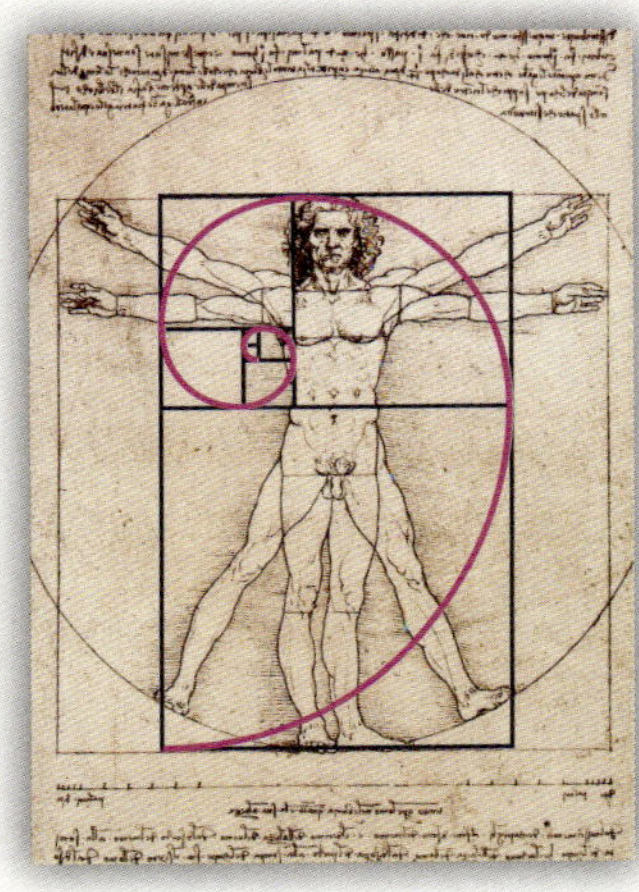

ギザのピラミッドやパルテノン宮殿といった歴史的建造物も、この黄金比で設計されています。また、ミロのヴィーナスやダ・ヴィンチのウィトルウィウス的人体図に見られる黄金比、黄金螺旋は、その理屈を知った制作者が美の基準として活用したと考えられます。

Chapter 3

まとめ

みんなの個性や能力は現代の社会によって封じられているのかもしれません

「秘められた宇宙の法則を信じますか？」と聞かれて、「はい」と即答する人はあんまりいないと思います。理屈じゃないという人もいますが、僕たちが山や海を見て心が落ち着くのは、自然の摂理に身を置くことで、宇宙のエネルギーを受け取っているからなのかもしれません。

「究極の美は宇宙の法則によって創造され、そこには数学的な美しさまでも含まれる」

このように**自然界に黄金比、黄金螺旋、フィボナッチ数列が隠されているのは紛れもない事実**です。

これは、誰かが意図的にそうしたというより、自然界にもともとあった、もしくは進化の過程で英知が集約されてできた法則を、人類が発見し、それを数字や数学的な考え方に当てはめたというのが真実に近いと思っています。

とくに**歴史の中にも繰り返し登場するモチーフやシンボルマークが、ほぼすべて黄金比や黄金螺旋、フィボナッチ数列と関係のあるものだというのも、偶然では片付けられない謎が残りますよね。**

たとえば古代の人たちが好んで描き込んだ松ぼっくりは、何を意味しているのでしょう? わざわざ壁画などに描いて、後世に遺《のこ》そうとしているんですから、よほど重要な意味が込められていると思うのが普通ですよね。

そこに、**脳にある松果体と松ぼっくりがリンクするのは、果たして偶然なのか?** 日本だけを見ても、心の病にかかっている人が増えていますよね。ストレス社会はずっと昔からでしたけど、世界的にうつ病などの気分障害の患者数が増えていて、WHO（世界保健機関）の発表によると、世界でうつ病に苦しむ人の数は、ここ10年で18%増加しているそうです。

セロトニンとメラトニンを分泌する松果体は、うつ病などの心の病と密接に関係しています。現代人が口にする食べ物、飲み物や生活のサイクルが松果体の本来の機能をどんどん奪い、その結果、うつ病の人が増え、無気力な人たちが世の中の多数派になってしまったら……。

もしかしたら、松ぼっくり＝松果体のモチーフは、**「僕たちの個性や能力は何かによって封じられている」という誰かからのメッセージ、警告なのかもしれません。** 松果体を正常化する方法は少し調べればたくさん出てきます。自己責任になりますが、自分の生活を見直し、より自然体な生き方を意識し、松果体の開花を試みるのもいいかもしれません。

みなさんも、フィボナッチの螺旋構造やフラワーオブライフなどの宇宙の法則から創造された、奇跡の一員です。体や頭に組み込まれている法則をどう使うかは自分次第というわけです。

地球を
支配しようとする
宇宙人たち!
のアルな話
人類の記憶が詰まった宇宙の図書館!
アカシックレコード
みんな一度は考えたことがある死後の世界……
死とは幻想?

Chapter 4

ヤバい世界 スピリチュ

願望を現実にする
魔法の法則が存在する!?

Topic 1

願望を現実にする魔法の法則

引き寄せの法則

願ったことを引き寄せる秘められた力

生きていればいろんな願望、希望が生まれますよね。しかし、願ったことがすべて叶うほど、甘くないのが現実です。でももし、**願ったことを引き寄せる秘められた力があるとしたらどうでしょう？** その力を使うしかないですよね。

みなさんどこかで一度は**「引き寄せの法則」**という言葉を聞いたことがあるかもしれません。この法則は、「願ったことを引き寄せることができる」という法則です。この法則はめちゃくちゃシンプルで、**みなさんが普段から何気なく考えていることや、意識していることが自然と現実に反映される**というものなんです。

実現させたいと願い、それをイメージすることで現実にすることができる魔法の法則。

でもこれって人類の誕生からずっと続いている法則だといわれているんです。

動画をチェック！

顕在意識と潜在意識

まずは人間の意識のお話をしましょう。

精神科医であり、心理学でもあるジークムント・フロイトとカール・ユングは**人間には意識と無意識がある**という概念を明らかにしました。**意識と無意識は、「顕在意識」と「潜在意識」と言い換えることができます。**

顕在意識は、自分が認識することのできる意識のことです。

たとえば、「宿題めんどくさいなー」とか「よし明日は友達と映画を見に行こう」「あの子かわいいなー」といった感情や思考を、自覚できている状態のことです。

対して**潜在意識は、自分では認識することのできない無意識の領域**です。体験したことのある事実や、経験、記憶が蓄積され、それが潜在的な意識になっていくんですね。

たとえば、午前中にテレビでステーキのCMを見て、そんなに意識していなかったのに昼ご飯に無性にステーキが食べたくなる。

また、「絶対痩せるぞ」と始めたダイエットがうまくいかない場合、「食べたい」「楽をしたい」という潜在意識が邪魔をしている可能性が高いのです。

つまり潜在意識は、呼吸のように意識しなくても当たり前にしていることです。1日に2万回以上ともいわれる呼吸を毎回意識してやっている人はいませんよね。体が呼吸の仕方を覚えていて、無意識のうちにしているわけです。

ここまで聞いたら無意識、潜在意識の方が大切じゃね？　と思えてきますよね。

実は、人間の意識の90%は潜在意識だというんです。自分で気がついている意識はほんの氷山の一角。ということは、**潜在意識のほうが自分にとって重要**ということになります。

ヤバい秘密

引き寄せる人と引き寄せない人の違いとは？

引き寄せに必要な2つのマインド

思考が現実をつくりあげる

思考に気をつけなさい、それはいつか言葉になるから。
言葉に気をつけなさい、それはいつか行動になるから。
行動に気をつけなさい、それはいつか習慣になるから。
習慣に気をつけなさい、それはいつか性格になるから。
性格に気をつけなさい、それはいつか運命になるから。

これはマザー・テレサの言葉です。まさに「引き寄せの法則」そのものですよね。

自分の現状、現実をつくりあげているのは無意識の思考であって、それを変えることができれば、思い通りの運命を手に入れられるとしたら、未来はバラ色ですよね。

反対に、**「俺はいつまで経っても成功しないダメ男だ」とずっと思っていたら、潜在意識や思考がそちらに引き寄せられ、本当にダメなサイクルに陥《おちい》ってしまう**可能性もあるんです。

同じように、「俺は成功する！」と願っただけでは何も変わりません。成功すると毎日考えて、言い続けていたとしても、**鼻クソをほじって怠《なま》けた生活を続けていたら、成功を引き寄せるのは無理**でしょう。

では、**引き寄せやすい人と引き寄せにくい人のマインドは何が違うのか？**　それについては次のページで説明しますね。

引き寄せる人がもつ2つのマインド

MIND ❶ 欲しいものや願望が明確

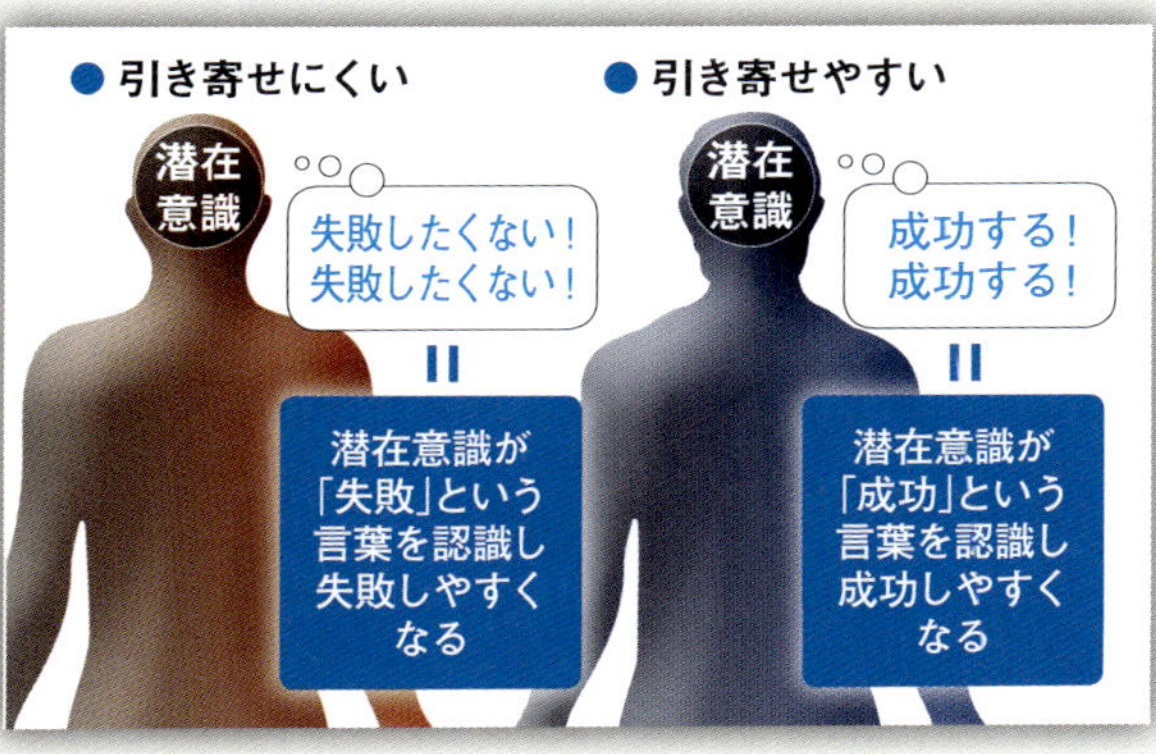

引き寄せの法則は、欲しいものや願望を明確にすることから始まります。重要なのは、その願望がもう既に叶っていると信じ、その感情に浸ることです。潜在意識はちょっと変なヤツで、否定形の文が理解できないんです。「失敗したくない」と願うと、失敗というワードが強調されて、潜在意識は失敗で埋め尽くされてしまいます。

MIND ❷ 願望が叶った感情に浸っている

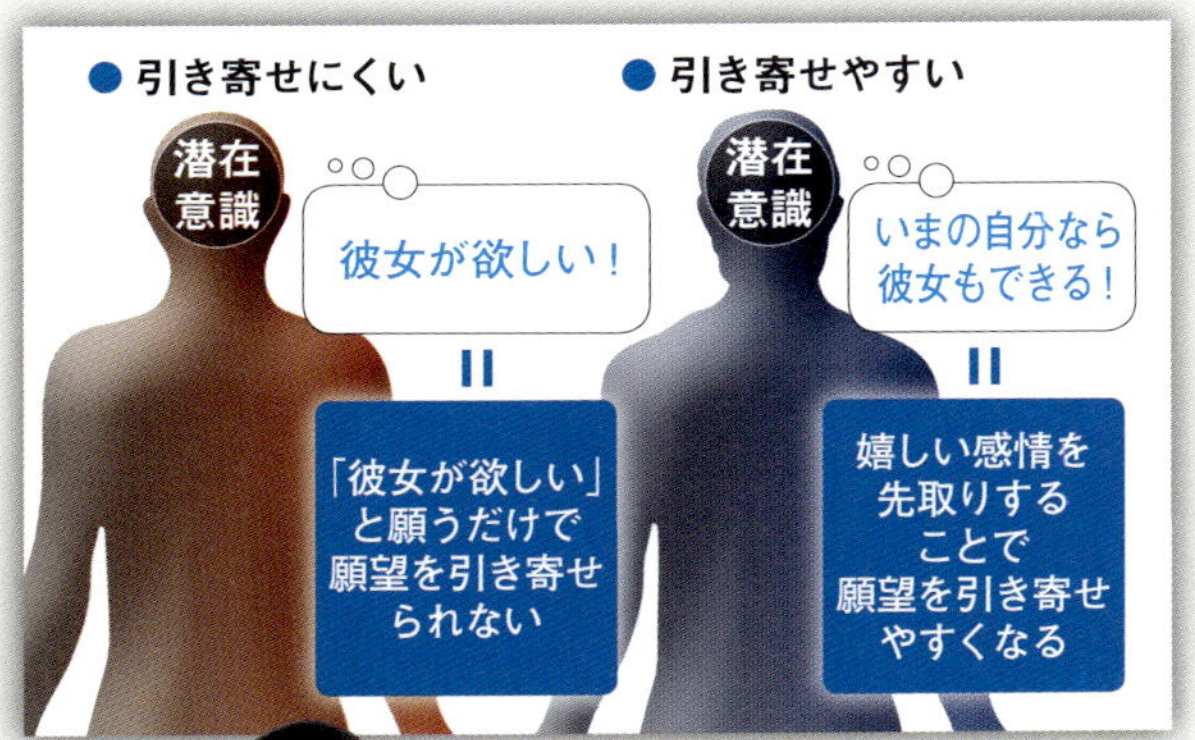

もし「彼女が欲しい」と願うなら、「彼女の気持ちを何とかしよう」とか、「相手がこうしてくれたらいいな」と願うのではなく、彼女の隣に見合う自分になっていると思い込むことが大切です。潜在意識は現実と想像、妄想の違いを認識できないので、そこを利用すれば願望が少しずつ現実になるはずです。

「海賊王に!!! 俺はなるっ!!!」っていい言葉ですよね。
ルフィも、「火影《ほかげ》になる」と決めたナルトもそうですが、
自分の願望を断言しているからこそ、
そのために必要なことを最短距離でやれるんです。
そこに不安や疑問が入り込む余地はないんですよね。

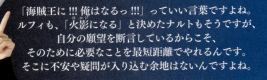

願望を叶える最短ルートを見つけ出す方法

脳に取り入れる情報は無意識にフィルタリングされている⁉

欲しいものが見つかると、街で見かけるようになる理由

引き寄せの法則が科学的に証明されたと話題になったのが、**人間の脳内にある「RAS」という神経組織**の発見です。人間はいろんな情報を見聞きして自分の脳内に取り入れますが、それをすべて記憶していたら頭がパンクしてしまいますよね。そこで**脳は、無意識のうちに必要な情報、有益な情報だけを認識してフィルタリングしている**んです。そのフィルタリング機能をRASが担っていることがわかりました。

車が好きな人は、道路を歩いていても車が気になるし、食べるのが好きな人は、ご飯屋さんに目が行きます。**つまり人それぞれ、印象に残ること、覚えていることも違う**のです。

たとえば、最近気にしていることがやたら目についたり、欲しいものができると、急に道ゆく人がそれをもっている確率が上がっているように感じたりすることがありますよね？

これは気のせいではなく、**みなさんの潜在意識に願望が刻み込まれ、脳が意識したことによって見えてくる**ものなんです。

つまり、引き寄せの法則で願望を叶えたいのなら、**潜在意識を願望に刻み込むことが大きなポイント**になってきます。

願望を叶えるためのステップ

STEP ❶ 潜在意識に願望を刻みつける

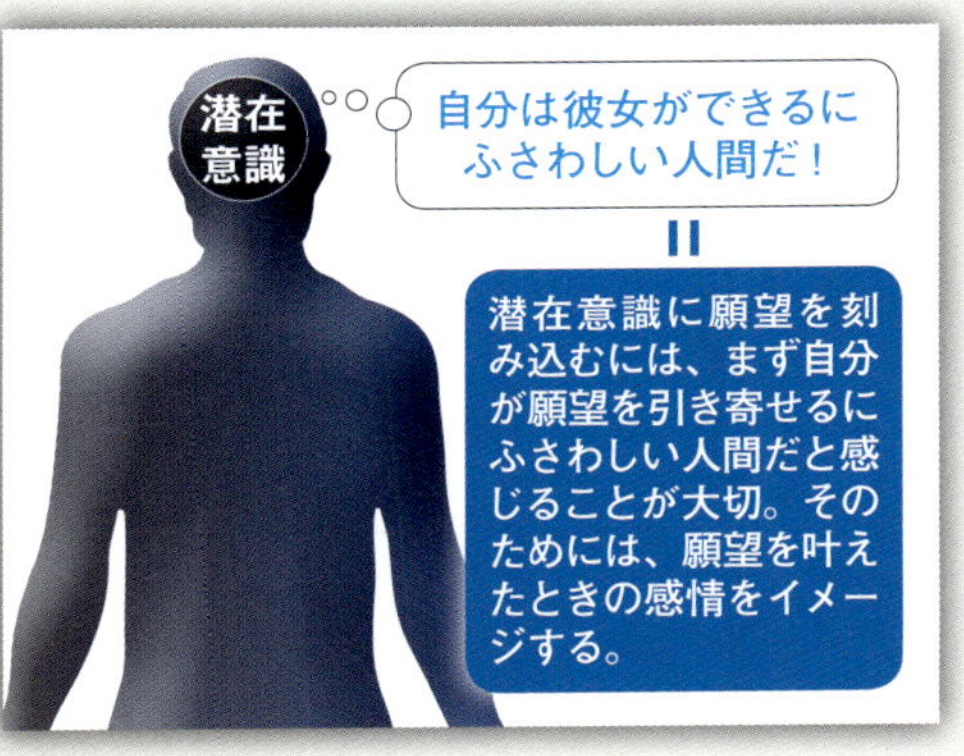

引き寄せの法則ですべて叶うのか？当然いくら願っても人が道具を使わず飛ぶことは不可能ですし、透明人間にもなれません。引き寄せの法則は実現可能なことしか引き寄せられないんです。願いを引き寄せるのにふさわしい人間になるためには、行動や努力も必要です。「そんなの無理だよ」と１ミリでも思う心があれば、引き寄せの法則は発動しません。

STEP ❷ 願望を叶えるための最短ルートを見つけ出す

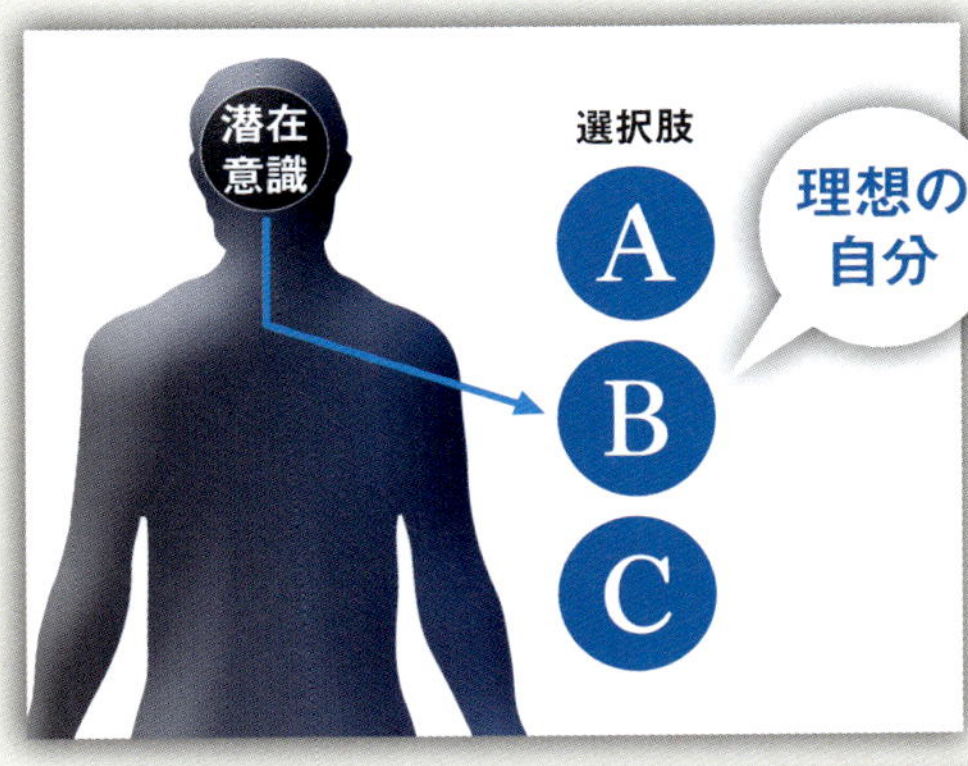

潜在意識に願望を刻み込むことができれば、日頃からそれを手に入れるように行動するようになります。結局、マザー・テレサが言うように、思考からすべては変わっていくんですね。この無敵モードになってしまえば、願望を叶えるための最短ルートが、自分から吸い寄せられるようにやってきます。これまでのピンチはチャンスになり、すべてが意味のあることに変化します。

実は僕も YouTube を始める前に、
「チャンネル登録者数 50 万人！」と書いたんですよね。
いやらしい話、年収も具体的に書きました（秘密）。
で、いま自分の人生がその通りになって驚いています。
潜在意識は、口に出したり、紙に書いたりすることで
効果が高まるとされています。

Topic 2

死とは幻想？

宗教観でもそれぞれ違う未知の領域

死後の世界はどんなところ？

みなさんも**「死後の世界はどうなっているのか？」**について、一度は考えたことがあるでしょう。

当たり前ですが、現世を生きる人には「死んだ経験」がないので、死後の世界は未知の領域です。

仏教では六道《りくどう》という世界があり、生前の行いによって行き場が決まるとされます。

キリスト教では、人は死ぬと墓の中で眠り、最後の審判の日に復活するとされています。復活の後に、天国あるいは地獄に行くという教えですね。イスラム教もキリスト教と同様で、ユダヤ教では死んだら土に戻るという教えがあります。

このように**宗教によって「死」の定義は違う**んです。ただでさえ未知の領域の話なのに、余計にわけわかんなくなりますよね。

ではスピリチュアル的にはどうなのか？ ここでは少し違った角度から「死」について考えてみましょう。


動画をチェック！

本当の意味で「死ぬ」ことはできない!?

スピリチュアルの世界では、**「死は幻想である」**という考え方が一般的です。

そもそも「死」は、現世の次元での概念です。地上で生きていた**〝肉体の人生〟を終えたとしても、それは本当の意味での死ではありません。**肉体がなくなっても、**魂や意識が別の次元に行くだけだという考え方**ですね。

つまり、肉体と魂は別ということです。こうした考え方をすると、人間の本当の死というのは存在しないという結論に至ります。

気になるのは、**肉体の死によって行けるようになる高次元の世界とはどんな世界なのか?**ということですよね。

高次元の世界の見た目や環境は、地上の世界とそっくりだといわれています。

ただ、この世界は、思ったことが何でも叶う世界だそうです。人間は肉体をもっているうちは顕在意識にとらわれがちです。しかし、**高次元の世界では潜在意識しかないので、物質的な願望ならどんなことでも叶えられます。**引き寄せの法則と同じ理屈ですよね。

欲しいものはすべて手に入る世界。好きな車にいくらでも乗れるし、好きな食べ物も食べ放題だし、一日中遊んで暮らしても何も問題ない。

死後の高次元の世界、最高じゃないですか?

これを聞くと「早く死にたい」と思う人が出てくるかもしれませんが、早まってはいけません。

人間が現世で肉体をもって生まれてくること、そこで人生を歩むことには大きな意味があり、高次元の世界とも関連しています。

でも**高次元の世界は、人によっては天国でもあり、地獄でもある**んです。それがどういうことかは、次のページで説明しますね。

ヤバい秘密

天国も地獄も自分次第

ポジティブかネガティブかで大きく分かれる死後の世界

潜在意識がすべてを引き寄せてしまう世界

顕在意識の消失によって、潜在意識が思ったことをすべて引き寄せてしまう世界では、いいことばかりが起きるとは限りません。**日頃からネガティブ思考の人が高次元の世界に行ってしまうと、ネガティブな現実ばかりを引き寄せてしまう**からです。

スピリチュアルな世界と、さまざまな宗教でいわれている天国と地獄の違いは、本人の潜在意識の違いだとされています。天国という楽園、地獄という場所があるわけではなく、**高次元の世界では、自分自身の潜在意識が投影されるので、天国にも地獄にもなり得る**んです。

人間の目的は、精神や魂を成長させ、より高次元の世界に上っていくこととされています。つまり崇高な精神性をもっている人はさらに上昇していき、自己中心的だったり、快楽主義だったり、物欲主義に溺れていた人には、そこに本質がないことに気がつくように「地獄」と思えるような戒めが与えられるのです。

高次元の世界でも、利己的な生き方ではなく、愛を周りに与える生き方をすべきなんですね。

どうやって人間が精神性を高めていくのかは、死後の世界の仕組みを知ればよくわかります。

死後の世界の仕組み

輪廻転生《りんねてんしょう》とは？

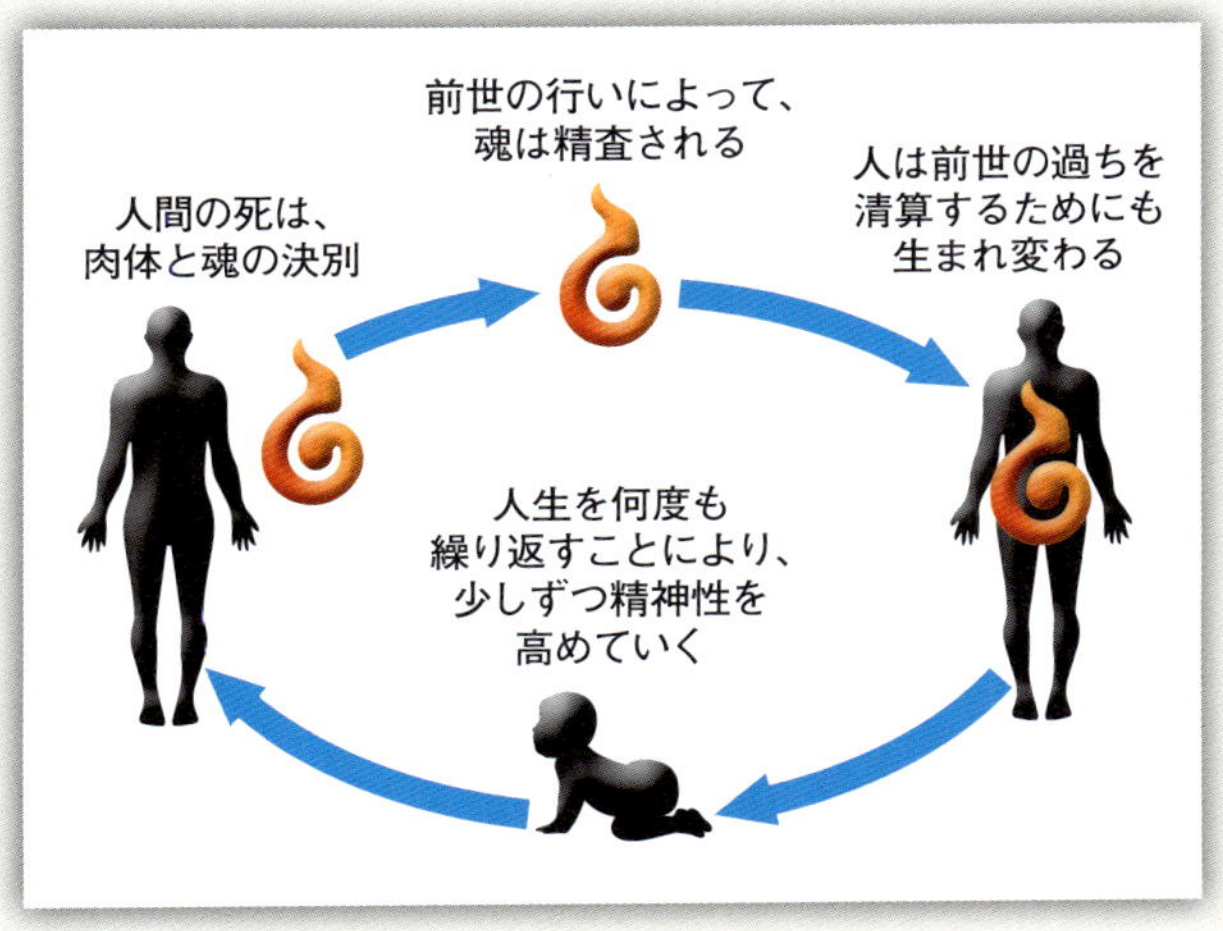

地上世界でも人間の目標が「精神や魂を成長させること」であるのは変わりません。肉体に魂を宿し生きるのは、困難や苦悩を味わいながら愛について学ぶためです。前世で悪い行いをした人は、今世で善行《ぜんこう》を重ねることで、少しずつ精神性を高めていきます。つまり、何度も輪廻転生を繰り返し、成長することが「生まれ変わる意味」なんです。

ソウルメイトとは？

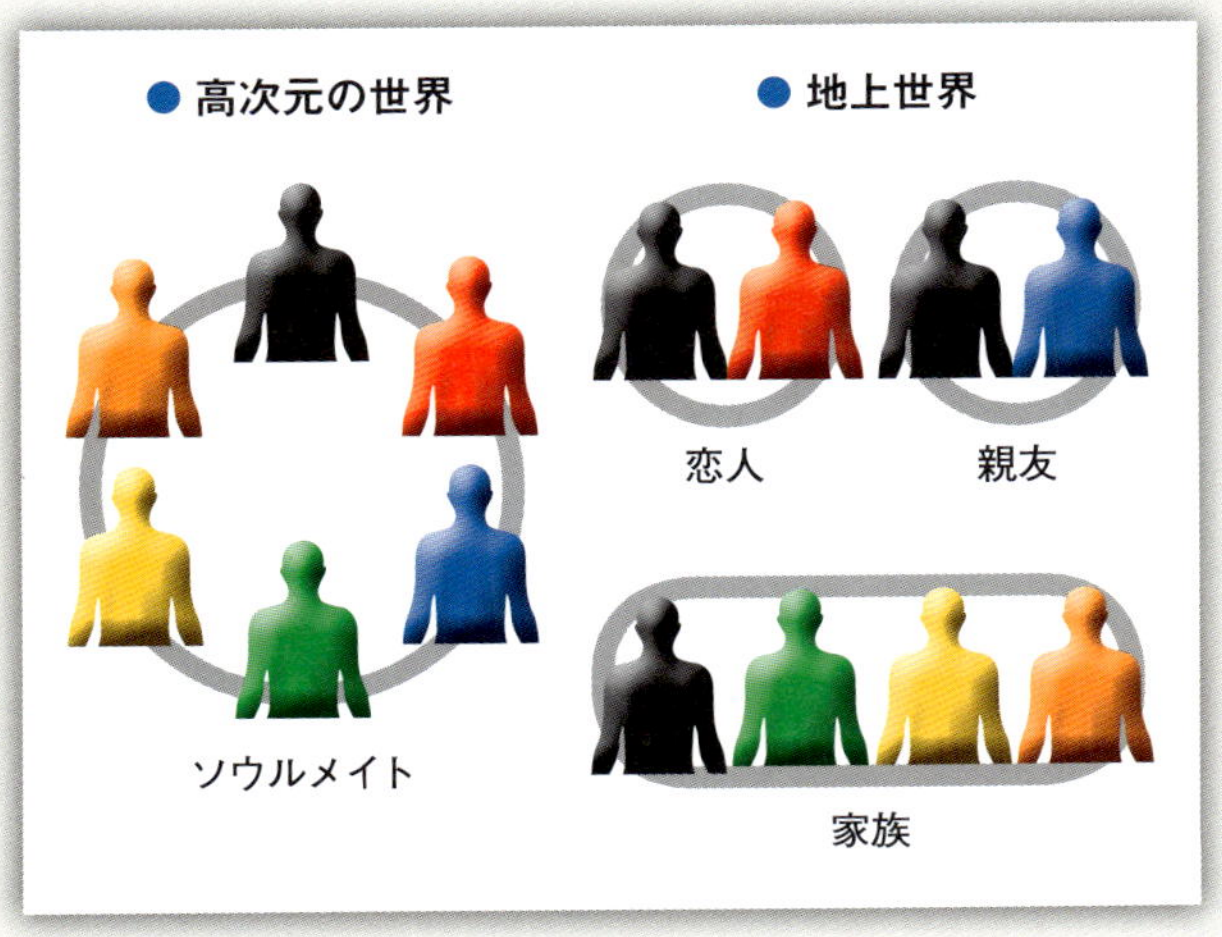

「生まれ変わり」は、ひとりの人間が何度も生まれ変わるわけではありません。肉体のない高次元の世界では、精神や魂はグループ化されていて、成長のためにみんなで輪廻転生を繰り返すそうです。これがソウルメイトと呼ばれるものです。みなさんの家族や恋人など、身近な人たちは高次元の世界でソウルメイトだった可能性が高いんです。

Topic 3

アカシックレコード

すべての生物の記録が保管された宇宙の図書館

動画をチェック！

アカシックレコードとは？

もし、宇宙の起源からの過去の情報、そしてこの先起こる未来の出来事がすべて保管されている図書館があったとしたらすごいと思いませんか？

アカシックレコードは、元始からのあらゆる事象、想念、感情が記録されている世界記憶の概念といわれています。宇宙のどこかにアカシックレコードという空間があるとする説もありますし、別次元に存在しているので、物理的なものではないという説もあります。

「アカシャ」とはサンスクリット語で「虚空・空間」のことで、このあと説明するアクセスの仕方などを考えると、図書館のような実体があるわけではなさそうです。

ちなみにここに記録されている未来は、必ずそうなる未来ではなく、あくまでもいくつかある未来の可能性における僕たちの選択肢のひとつだそうです。

高次元の存在を通して情報を得ることができる

アカシックレコードにどうやったらアクセスできるのか？ さまざまな説がありますが、肉体のある人間がアカシックレコードにアクセスすることは不可能で、高次元の存在を通して情報を得るのが通常だという説が有力です。

ここでいう高次元の存在とは、守護霊などの肉体をもたない霊的な存在です。アクセスできる範囲は自分と同じ波動をもつ者だけ。つまり、**高位の波動をもっている人ほど高次元の情報を得ることができる**というわけです。

過去に大発見をした発明家や偉人たちは**「知識が突然降りてきた」**と発言していますが、アカシックレコードの存在を知ったうえで、「ひらめき」が何を意味するのかを考えるのも面白いですよね。

「宇宙のどこかには知識の源が存在する。私が何かアイデアを思いつくときは、突然頭の中にアイデアが三次元で浮かんできた」

これは、ニコラ・テスラが発明の着想について語ったとされる言葉です。テスラは幼少期から空想に浸ったり、霊的な存在と話したりしていて、晩年には霊界との通信装置の開発をしていた事実があります。周囲はオカルト色が強まってきたテスラを否定しましたが、アカシックレコードに安定してアクセスできる方法を模索していたとしたら納得できますよね。

正確には高次元の存在を媒介にアクセスしているようですが、エドガー・ケイシーなどの予言者たちもアカシックレコードにアクセスして、未来を予言していたといわれています。

もしこれが本当なら、彼らは宇宙にいる高次元の存在からの知恵を授かっていたということになります。なんだかワクワクしますよね。

ヤバい秘密

アカシックレコードにアクセスできる条件

みんな自然にアカシックレコードにアクセスしている⁉

アカシックレコードは潜在意識とつながっている

ここまで聞いたら、アカシックレコードへのアクセス方法を知りたくなりますよね。**実はみなさんも日常生活の中で自然にアカシックレコードに触れている可能性があるんです。**

人間の意識の9割を占めている**潜在意識は、「ハイヤーセルフ」という高次元の存在からのメッセージを常に受け取っていて、そのメッセージには、アカシックレコードからの情報が含まれているという説があります。**

「本当か？」とみなさん疑問に思うかもしれませんが、何か考えごとをしているとき、突然いいアイデアがひらめいたという経験は誰もがあるでしょう。リラックスしているとき、ぼーっとしているとき、ウトウトしているとき、瞑想をしているときにひらめいたら、ハイヤーセルフがアカシックレコードから得たメッセージを送ってくれているのかもしれません。

瞑想というと大げさですが、**一日の中でぼーっとする時間を意図的につくったり、寝る直前の時間を大切にしたり、夢日記をつけたりすることで、こういったメッセージを受け取りやすくなる**ともいわれています。本当か、嘘かは別にしても、この考え方は面白いですよね。

アカシックレコードと潜在意識

アカシックレコードにアクセスする目的

アカシックレコードの示す未来は、あくまでも起こるかもしれない可能性のひとつでしかありません。予言に一喜一憂したり、キャーキャー騒ぐのではなく、現世での自分の人生の目的を確認したり、自分のやるべきことのヒントとして活用したいですよね。

多くの人が陥《おちい》る集合的無意識

人間の無意識の中のさらに深層に存在する、個人の経験を越えた先天的な構造領域が「集合的無意識」です。年齢や人種、年代や歴史が違っても、人類が同じような営みを繰り返すのは、この集合的無意識でつながっているからという説もあります。

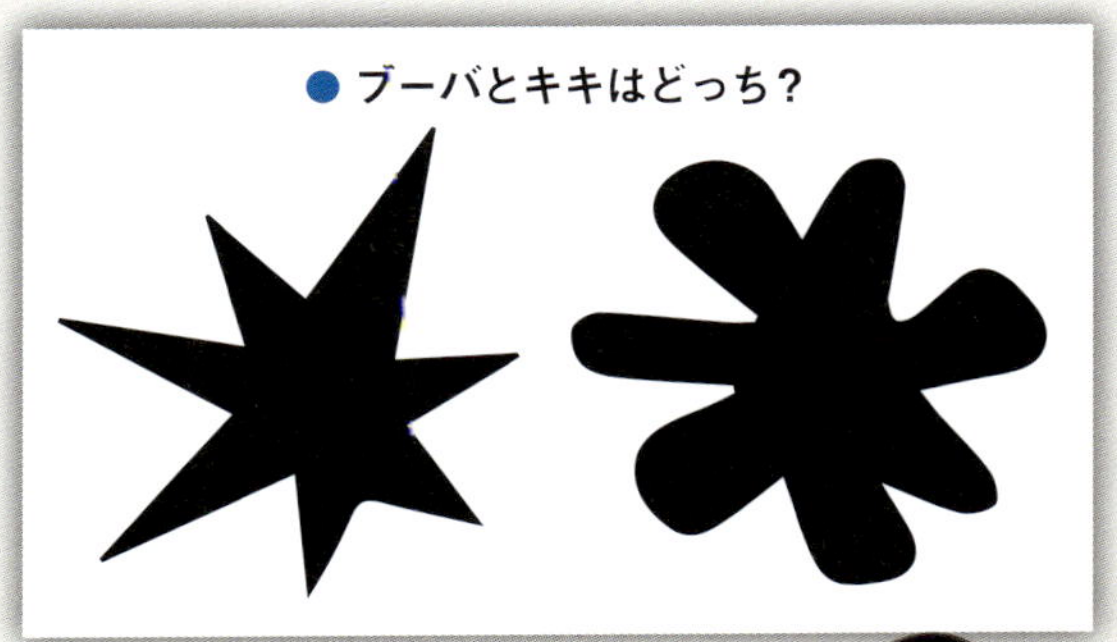

上の図のどちらかが
「ブーバ」で、一方が「キキ」という名前だとしたら、
どちらが「ブーバ」でどちらが「キキ」でしょう？
年齢や人種にかかわらず、ほとんどの人は、
右が「ブーバ」で、左が「キキ」と答えるでしょう。
答えが同じになるのは集合的無意識があるからかもしれません。

Topic 4

宇宙には多様な生命体が存在している

宇宙人の種類

なぜ宇宙人は地球へやってくるのか？

みなさんは宇宙人の存在を信じますか？　ＵＦＯをはじめ、宇宙人に対する言説は、これまでも多く語られてきました。宇宙人の存在を示す痕跡《こんせき》も実はたくさんあって、いないと考えるほうが難しいんですよね。

そこで浮かんでくるのが、なぜ宇宙人たちは地球にやってくる、または干渉しようとするのか？　という疑問です。

地球人は、宇宙に存在する知的生命体は自分たちだけだと思っていますよね。でも実は、**宇宙には多様な生命体が存在していて、地球人もそのファミリーの一員として見守られている**という説があるんです。その生命体の種類や目的についてはこのあと紹介しますが、かなりファンタジー要素満載なので、「本当にこんな宇宙人がいるのか？」と想像しながら読んでいただければ面白いと思います。

動画をチェック！

Type 1

人間の遺伝子を求める宇宙人
ショートグレイ、トールグレイ

トールグレイ

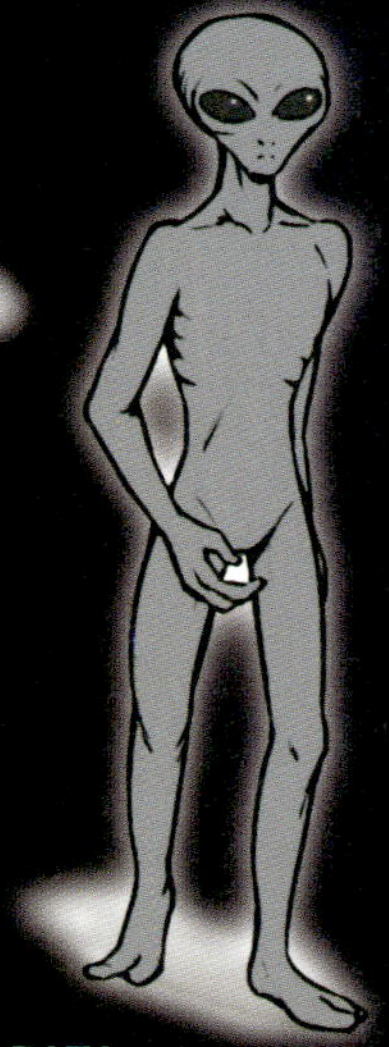

▶ DATA

ショートグレイの上司。目的はヒューマングレイハイブリッドを使って、地球を引き継ぐこと。

ショートグレイ

▶ DATA

大きな頭と黒目が特徴の THE 宇宙人。繁殖の方法がなく、クローンで作り上げられているため、人間の遺伝子を必要としている。

「宇宙人」と聞いてみなさんが真っ先に思い浮かべる宇宙人の姿が、グレイでしょう。

グレイは器官としての口はもっていますが、テレパシーでコミュニケーションをとっているので「ワレワレハ」と、喋り出すことはありません。

背の高さによってショートグレイ、トールグレイの2種類がいて、ショートグレイは遺伝子操作でつくられた実働部隊。ショートグレイに命令しているのがトールグレイです。

グレイたちは、人間とグレイのハイブリッドをつくることを目的としているので、宇宙人による連れ去り事件は、だいたいグレイの仕業だといわれています。**繁殖するために人間の遺伝子が必要**なんですね。

Type 2

人間社会に侵入する宇宙人
ネイティブレプティリアン

▶ DATA

爬虫類のような見た目で、人間12人分の力がある。人間社会のエリート層に侵入して、負のエネルギーで社会をコントロールしている。

ネイティブレプティリアンは、**ネガティブなエネルギーを餌にする爬虫類型の宇宙人**です。

自らの食糧を確保するため、人類を恐怖で埋め尽くすことを目的にしているとされます。

ネガティブなエネルギーだけを食べていてくれればいいのですが、彼らは人間、とくに汚染物質の蓄積されていない子どもを食べることで、恐怖ホルモンを体に取り込みます。

すでに**人間社会のエリート層に侵入していて、現代の金融システムや宗教は、ほとんど彼らによって仕組まれたものだという説もあります。**

宇宙全体の意向とは違い、彼らは地球人を次の次元に行かせないために活動しています。

Type 3

銀河系でもっとも古い宇宙人
アルファドラコニアン

▶ DATA

羽と長い尻尾があり、人間12～16人分の力がある。邪悪で凶暴だが、頭がいい。恐怖を利用して、人間社会をコントロールすることが目的。

アルファドラコニアンは、生まれながらに銀河系を支配する使命を背負った、ほかの宇宙の住人からすれば、ただひたすら邪悪な宇宙人です。

銀河系でもっとも古くから存在する宇宙人ですが、その誕生には別の世界からやってきた別の種族が関わっていて、彼らによって銀河系支配を目指すようにデザインされたという説もあります。

爬虫類型で、身長も6～7メートルと大型、心臓が2つあるタフネスぶりで、戦闘能力は抜きん出ています。

恐怖を利用して人間社会をコントロールする知能犯でもあり、グレイやネイティブレプティリアンを遺伝子操作によってつくり出したともいわれています。

Type 4

シリウス星人

人類に知恵を与えてくれる宇宙人

▶DATA

肉体をもたないが、人間の体を借りて行動することはある。数々の学問や建造物の設計に関わり、人間界に知恵を与えてくれる存在。

シリウス星人はその名の通り、おおいぬ座に属するシリウスからやってきた宇宙人です。

シリウスAは太陽の2倍ほどの大きさと、25倍もの明るさをもつ恒星で、連星であるシリウスBにはネイティブレプティリアンをはじめとするさまざまな宇宙人が住んでいるそうです。

シリウス星人は、基本的には肉体をもちませんが、人間の体を借りて行動することがあります。

宇宙全体、地球人の精神性を上げようとしているグループの一員で、**古代エジプトに医療や天文学の知識を与えたり、ピラミッドの建設に関わったりした実績もある**といいます。折りに触れて**人類に知恵を与え、手助けをしてくれる宇宙人**です。

Type 5

愛と創造に満ちた光の宇宙人
プレアデス星人

▶ DATA

５次元の存在で、北欧人のようなきれいな見た目が特徴。人類の成長をサポートしていて、常にコンタクトをとっている。

プレアデス星人は、10の星からなるプレアデス星団からやってきた宇宙人です。**見た目は地球の北欧に住む人々のように肌が白く金髪で、青い目をしています。**実体はもつものの、光の存在でもあり、５次元の世界で生きているとされています。

プレアデス星人も、人類の成長をサポートする存在です。人類の中から適任者を選んで、メッセージを伝えているのですが、地球の今後について、非常に心配しているようです。

アヌンナキやその母星・ニビル星の創造主ともいわれ、**進んだ科学、高次元の能力をいくつももっている光の存在**でありながら、地球人に転生することもあり、ほかの宇宙人と比べても地球との関わりが強い種族です。

Chapter 4

まとめ

みんなが生きている「いま」は自分自身の思考によってつくり出されているのかもしれません

みなさんは自分の人生を自分の力で切り開いている実感がありますか？　あの時ああしていれば、こうしていれば、という後悔もあるでしょうし、状況や環境、周りのせいにして仕方なかったと自分を納得させているかもしれません。

「100％自分原因説」という考え方があります。これは自分の人生に起こることはすべて自分がつくり出していて、いいことも悪いことも、もとを辿《たど》れば全部自分に原因があるという考え方です。

言われてみると、たしかに！　と思い当たる節がありますよね。誰かに指示されたり命令されたりすることはあっても、一つひとつの行動は自分発信で決まります。極端なことをいえば、防ぎようのないトラブル、ほかの原因で起きたり、巻き込まれたりした事故でさえも、その時刻、その瞬間にそこにいた自分によるものともいえるのです。

引き寄せの法則のように、思考が現実を引き寄せているとしたら、いますぐに自分の思考を見つめ

直したほうがいいですよね。

スピリチュアルの世界は、人によっては理解し難く、敬遠してきたという人もいるかもしれません。しかし、スピリチュアルな世界は人間の意識や精神、魂など、目に見えないものに焦点を当てた世界のことです。

見えているものだけでなく、見えにくいもの、見えないものに目を向けることは重要だと思うので、スピリチュアルな世界は個人的にも納得感があって好きです。

発明家や過去の偉人、予言者たちがアクセスしているとされるアカシックレコードも、物質世界にとらわれていると、にわかには信じがたい存在ですよね。

アカシックレコードは、現世でいう「死後の世界」。つまり、高次元の世界にあるともいわれます。ひとつ面白い話があって、**輪廻転生《りんねてんしょう》で肉体をもって地上に来るとき、魂はひとりのものではなく、大勢の人たちが混ざり、溶け合った状態でひとりの肉体に宿る**といわれているんです。その中に連続殺人犯がいて、その部分が大きければ暴力的な性格になり、マザー・テレサの部分が大きければ面倒見のいい母親的な存在になるかもしれないのです。アカシックレコードは、こうした魂のデータバンクだという説もあるんですね。

いきなり高次元の世界にアクセスできるわけではありませんが、スピリチュアルな世界を垣間見《かいまみ》ることで、自分自身を見つめ直し、人生という壮大なテーマについて考えるのもいいかもしれません。

ここまでこの本を読んでいただいたみなさんは、**世界のヤバい秘密や、秘められた仕組み、学校では習わなかった真実**を目にして、どんな気持ちになっているでしょう？

もちろんこの本に書かれていることがすべて真実だと言うつもりはありませんが、自分や人類の未来に不安を抱いてしまった人もいるかもしれません。

「物事の本質を見るために、私は目を閉じる」

これは画家、ポール・ゴーギャンの言葉です。見えるものすべてを疑うより、目を閉じて自分の頭で考える時間をもったほうが物事の本質に近づけるかもしれません。

世界の「当たり前」を疑うことは大切ですが、都市伝説マニア、陰謀論論者の中には世の中に起きることすべてを信じることができなくなり、あらゆることに裏があると疑い、心のバランスを乱す人も少なくありません。

世界をどう生きる？

Epilogue ヤバい

なので、都市伝説や陰謀論は**すべてを信じ込むのではなく、「こんな世界もあるのか!」くらいで楽しむ**のが一番なのかもしれませんね。

とはいえ、一部のエリートによって世界の富が独占され、彼らの思惑《おもわく》に沿って世界が動いているのはたしかです。

YouTubeやSNS、インターネットがここまで成長した、いまの時代。一人ひとりが自分の行動に責任をもって意識的に行動する必要があります。

また、SNSで発した言葉が瞬く間に拡散され、投稿された画像や動画が**「デジタルタトゥー」**として一生残る時代です。

都市伝説のひとつである、**「人間選別」**がすでに水面下で進んでいるとしたら、みなさんはどうしますか?

ここからは、ヤバい世界を生きるみなさんに**3つの質問**を投げかけながら、**このヤバい世界をどう生きるのか**を一緒に考えていきたいと思います。

Question 1

自分を受け入れ、愛せていますか？

最近ではSNSの普及もあって、ネット絡みのトラブルが多くなったように感じます。**匿名が基本のネットの世界では、自分の身元を隠して、好き勝手に言いたいことを言う人がたくさんいますよね。**その言葉に傷ついて、最悪の場合自殺してしまうケースも実際に起きています。ネットは完全な無法地帯と批判を集めるようになってしまいました。

しかし、ネットの普及以前にも、他人に対する誹謗《ひぼう》中傷や悪口は常にありましたよね。学校や会社、ご近所さん、親戚と人間関係があるところには、必ずトラブルが生まれます。ネット時代を迎え、それがよりわかりやすく可視化されるようになったということかもしれません。

みなさんも、いじめられた経験、いじめた経験が一度はあるんじゃないでしょうか？　他人に抱く妬《ねた》み嫉《そね》み、敵対する感情が生まれるのは、人間である以上自然なことです。

「現実は心の鏡」という考え方があります。

SNSで友達の自撮り投稿を見かけたとき、みなさんはどんなことを思いますか？

「うわー、こいつまた自撮りアップしてるよ。ナルシストで気持ちわるっ」と思うのか、「あーいつも笑顔で楽しそうでいいね、人生謳歌《おうか》してそうだな」と思うのか。

同じ写真を目にしたとしても、そのとらえ方は人それぞれ。実はこれ、自撮りをアップしている人ではなく、それを見ている**自分の心の状態が感情に反映されているだけ**なんです。

心の鏡とは、本当の自分の姿を、他人という鏡を通して見ている状態のこと。この人のこういうところ嫌だなぁというポイントは、実は自分のダメなところ。自分のことが嫌いな人は、他の人の嫌なところばかりが目に付きます。一方で、自分のことが好きで、肯定的に受け止めている人は、他人の自撮りを見ても、素直に褒めることができます。

このように、**みなさんが他人に対して抱く感情は、自分の中にもともとあって、ついにしまいきれなくなった感情が溢《あふ》れてきたり、コンプレックスが溢れ出ていたりする状態**なんです。

昨日言った悪口や、ＳＮＳに書き込んだリア充批判などを振り返ると「自分ってなんて弱い人間なんだ」とゾッとしますよね。そう思いながらＹｏｕＴｕｂｅのコメント欄の自分へのコメントを見ていると、ニヤニヤが抑えられません。

誹謗中傷とも受け取れるようなキツいコメント、もちろんリアルでの発言も同じです。**自分を愛せている人は、他者を受け入れ、いいところに目を向けることができる。**すべての人が物事をこんなふうに受け止めることができれば、世の中はずいぶん生きやすくなるのではないでしょうか。

現実が自分の心を映す鏡であることを知っていれば、他人への接し方、コミュニケーションが少しずつ変わってくるはずです。自分の理想の世界を邪魔しているものは、環境でも他人でもなく、「自分の心」なのかもしれませんね。

Question 2

「いま」を生きていますか？

みなさんは「いま」を生きていると思いますか？　何を言ってるんだ、当たり前だ！　という答えが聞こえてきそうですが、**「いま」を生きるのはみなさんが思うより難しいことなのかもしれません。**

自分は「いま」を生きていると思っている人のほとんどが、実際には過去か未来を生きています。いままさに仕事中の人が、次の連休に出かける旅行のことで頭がいっぱい。今日は忙しかったと振り返ってみたら、プレゼンの準備で明日のことばかり考えていた。昨日のデートが楽しすぎて、今日もそのことばかり考えてしまった……。

ハーバード大学の心理学者、マット・キリングワースらが2010年に行った調査によると、**人間は起きている時間の46.7%は、現在していることとは別のことを考えている**というんです。この調査では「セックスの最中は？」という質問項目もあったようで、なんと10%の人が、「別のことを考えている」と回答しています。なんか心配になりますよね。

また、過去のことを振り返ってばかりいると、それがどんなにいい思い出でも、未来にネガティブな影響を与えてしまうそうです。元カノ、元カレの思い出に浸りすぎるのは良くないってことですね。

では、「いま」を生きるとはどういうことなのでしょう？

それは**いまこの瞬間に注意を向け、丁寧に生きるということ**です。普段、テレビを見ながら食べている夕食をしっかり味わうためにテレビを消す。これだけでいつもより美味しく感じたり、栄養が効率よく取り込めたりするそうです。

たとえば、みなさんを感動させるアスリートや、アーティストなどの一芸に秀でたスゴい人たちはみんな、目の前の出来事、いまこの瞬間だけに集中することで自分のもてる最大限の力を発揮しています。彼らのベストパフォーマンスを引き出す方法を見ていれば、「いま」にフォーカスして、その瞬間を生きることがいかに大切かがわかるはずです。

どんな人でも、子どもの頃は「いま」を生きることができていたんです。感じたことを言葉にして、目の前のことに没頭する。子どもの頃に自然にできていたことが、大人になるとできなくなる。残念ながら現代社会は人間の成長を妨げるどころか、劣化させているところもあるようです。

あなたの所持金が8万6千4百円あったとしましょう。で、誰かがその中から10円を盗んだとします。それに怒って残りの8万6千390円を捨てる人っていますか？　10円くらいいいやと、前に進む人がほとんどじゃないでしょうか？　何の話をしているかって？　**みなさんに平等に与えられた一日の時間、24時間は、8万6千4百秒あるんです。**

嫌なことがあると丸一日嫌な気分。それってもったいなくないですか？　超セレブと一般庶民、与えられる一日という時間だけは絶対平等ですよね。それをどう使うかはみなさん次第です。

Question 3

自分の好きなことをしていますか？

子どもの頃、夜寝る前にふと、「世界ってなんで存在しているんだろう？」とか「死んだらどうなるんだろう？」とか疑問が湧いて、深く考えすぎて眠れなくなったことってありませんか？　僕は、小さい頃から、**自分がなんで生きているのか？　いま生きているこの世界は何なのか？**　みたいなことをいくら考えても答えが出なそうなことばかり考えている子どもでした。

宇宙の神秘や、死後の世界、幽霊や心霊現象への好奇心は強いほうでしたが、だからといって、不思議な力があるとか、高次元の存在の声が聞けたとか、そんな特別な力は何もなく、ごくごく普通の、どこにでもいそうなガキンチョでした。

思春期を迎え、大人の階段を上っていっても、やりたいことなんてないし、行きたい大学も特にない。偏差値が高くて有名そうな大学に入ればいいやと思って、生まれ育ったアメリカで暮らしていました。大学進学を機に、憧れていた日本にやってきた僕は、やっぱり普通の大学生活を送っていたんですけど、**失恋をはじめ、うまくいかないことが続き、世の中に疑問を抱くようになりました。**

その結果、都市伝説や陰謀論、スピリチュアルの世界にガッツリハマることになったわけですが、いままで知らなかった事実やものの考え方、とらえ方に触れるにつれて、いつしか自分の中で世の中